ARDUINO / ROBOINO

스마트폰으로 제어하는

아두이노 로보이노 배우기 기초

신대섭·노태균·박철호 공저

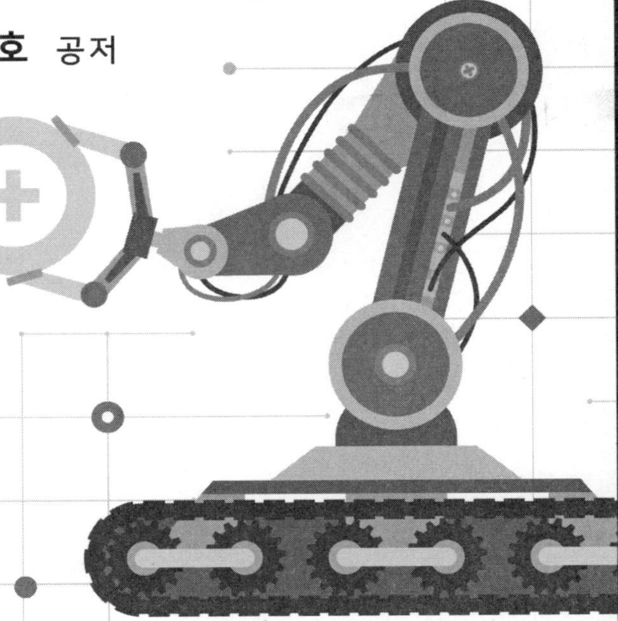

D.B.Info

머/리/말

아두이노(Arduino)는 이탈리아에서 탄생한 소형 제어장치를 말한다. 로보이노(Roboino)는 대한민국에서 탄생한 소형 제어장치를 말한다. 전문적인 지식이 없어도 쉽게 나만의 제품을 제작하고 구성할 수 있게 제공하고 있다. 또한 오픈소스 기반으로 제작되어서 인터넷에 다양한 소스와 응용 회로들이 제공되고 있다. 그러나 너무나 많은 자료가 공개되어 있어도 처음 접하는 독자분들은 스스로 사용하는데 어려움을 갖고 있으며 어떻게 하면 아두이노를 쉽게 배우고 활용할 수 있을지에 대해서 고민하고 있는 듯하다.

이 책은 이러한 초보자들이 아두이노(로보이노)를 쉽게 이해하고 활용하는 법을 소개하고 있다. 순차적으로 예제를 따라 실습을 진행하면 어느 순간 아두이노(로보이노)를 정복할 수 있을 것이다.

이 책은 각종 응용회로 및 소스를 제공하여 단계적으로 실험을 통해 아두이노(로보이노)를 배울 수 있는 방법론을 제시하기 때문에 초보자들이 쉽게 아두이노(로보이노)를 이용하여 다양한 분야에 쉽게 적용이 가능하리라 생각한다.

이 책은 일반인을 대상으로 기초적인 코딩 지식에서부터 실제 응용로봇 제작 방법까지 소개하고 있으며, 아두이노(로보이노)에 대한 사용법 그리고 프로그램 방법을 다루고 있다. 또한 초등학생부터 중학생, 고등학생 및 대학생을 위한 코딩 교재로도 활용 가능하리라 생각한다.

마지막에 소개되는 라인트레이서 로봇은 간단하지만 로봇을 제작하면서 아두이노(로보이노)의 활용도를 높여주고 아두이노(로보이노)로 하드웨어를 직접 설계하여 적용해볼 수 있는 방법을 다루고 있다. 따라서 독자들이 아두이노(로보이노)의 기본 실력을 쌓는데 좋은 기회라고 저자는 생각한다.

비록 부족한 부분이 있더라도 본 책을 통하여 여러분들이 보다 쉽게 원하는 것을 얻어가기를 바란다. 독자여러분들의 발전된 미래를 기원하면서….

2018년 2월

저자 씀

목/차

제 1장 아두이노란?

제 2장 아두이노 개발 환경 준비

제 3장 아두이노로 LED 제어

제 4장 디지털 입력 제어

제 5장 LCD 제어

1_아두이노란?

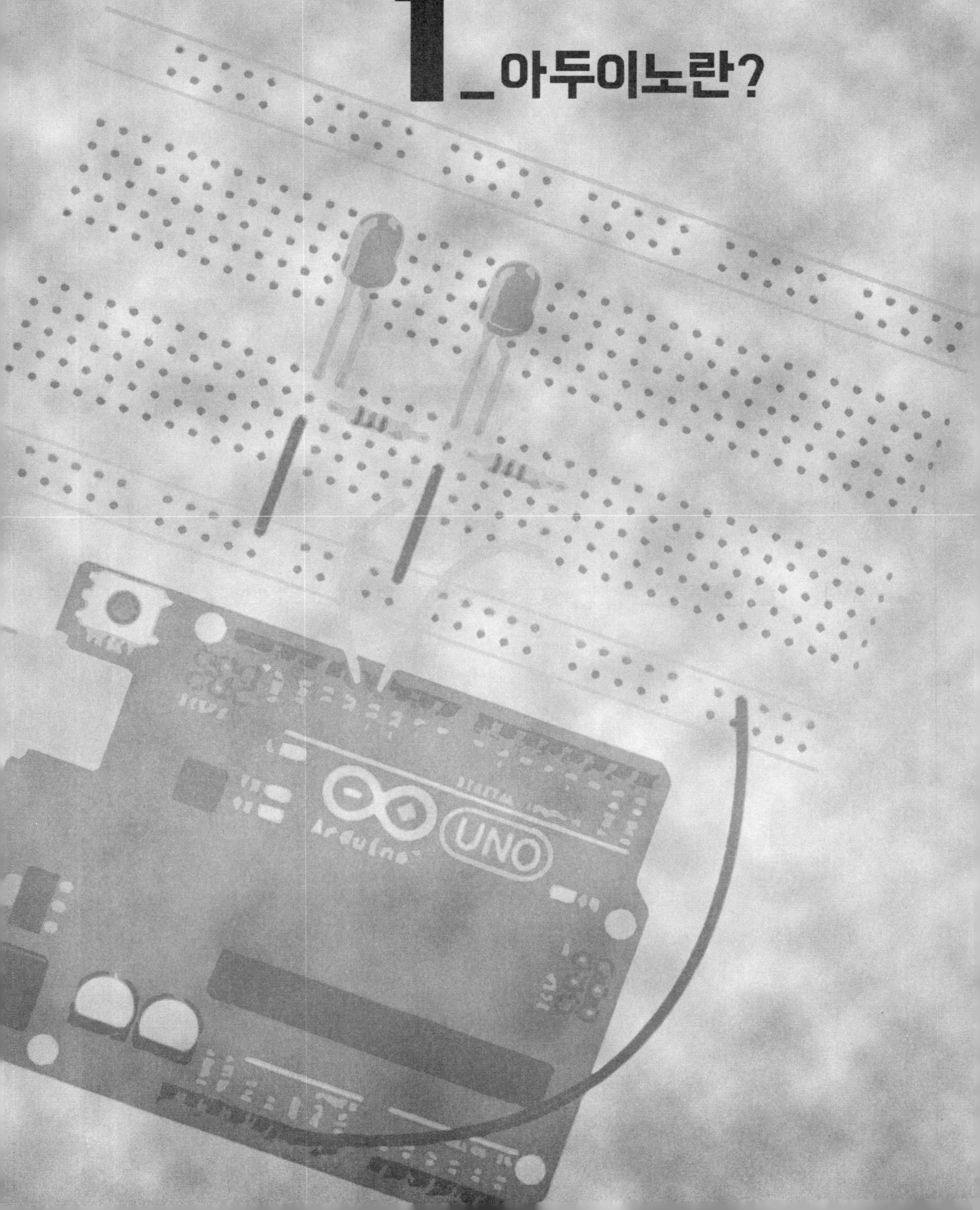

1.1 아두이노(Arduino)란 무엇인가?

아두이노는 아트멜(ATmel)사라는 회사에서 제공하는 AVR 마이크로 컨트롤러를 기반으로 개발된 하드웨어보드와 소프트웨어 개발환경을 이용하여, 초보자나 비전공자도 쉽게 사용할 수 있도록 개발환경(IDE)을 통합하여 제공되는 것을 말한다. 아트멜사가 2016년도에 마이크로칩스라는 회사와 합병하면서 AVR 마이크로 컨트롤러가 마이크로 칩스라는 회사에서 제작, 판매되고 있다.

전문적인 지식이 없어도 아이디어를 가지고 무언가 새로운 것을 만들고자 한다면 아두이노 보드를 이용하여 개발을 할 수 있을 것이다.

아두이노는 초기에 이탈리아 회사에서 제작되었으며 아두이노 소프트웨어는 무료로 다운받을 수 있다. 오픈소스를 기반으로 제공하기 때문에 하드웨어 회로도 및 보드뿐만 아니라 소프트웨어까지 모두 오픈하여 공개하고 있다. 오픈 소스를 기반으로 사용자들이 제작했던 소스나 자원을 공유하기 때문에 이를 이용하여 편리하게 응용하여 사용할 수 있는 것이 장점이다.

또한 다양한 예제 샘플 소스를 제공하기 때문에 처음 아두이노를 배우는 분들도 쉽게 사용할 수 있는 장점을 가지고 있다.

아두이노의 활용 분야 :

- 교육용 로봇 분야
- 모터 제어 분야
- 센서 제어 분야(온도, 습도, 초음파, 적외선센서 등)
- 사운드 관련 분야(부저, 소리 등)
- VR 분야, 드론 분야
- 유/무선 네트워크 분야

그림 1.1 아두이노 보드 외형

아두이노 소프트웨어는 www.arduino.cc 에서 제공하고 있으며 다양한 보드들도 판매하고 있다. 그러나 오프소스 기반으로 제공되고 있고 많은 회사들이 다양한 보드들을 제작하여 판매하기 때문에 사용자는 어느 회사의 제품이나 가격대비 구매해서 활용하면 될 것이다.

1.2 로보이노(Roboino)란 무엇인가?

로보이노는 아두이노같이 아트멜(ATmel)사에서 제공하는 AVR 마이크로 컨트롤러를 기반으로 개발된 하드웨어 보드와 소프트웨어 개발환경을 이용하여 초보자나 비전공자도 쉽게 사용할 수 있게 개발환경(IDE)을 통합하여 제공되는 것을 말한다. 기존의 아두이노도 호환되면서 로보이노만의 장점을 더욱 사용할 있는 보드를 말한다.

전문적인 지식이 없어도 아이디어를 가지고 있다면 뭔가 새로운 것을 만들 수 있으며, 로봇을 제어하는데 사용할 수 있게 개발되어 있다. 또한 초보자뿐만 아니라 전문적으로 마이크로프로세서의 기능을 교육할 수 있게 개발되어 있다.

아두이노는 이탈리아 회사에서 제작되었으나 로보이노는 한국에서 개발되었으며 아두이노와 같이 소프트웨어는 무료로 다운 받을 수 있다. 오픈소스 기반으로 제공하기 때문에 하드웨어 회로도 및 보드뿐만 아니라 소프트웨어까지 모두 공개하여 제공하고 있다. 로보이노도 오픈소스 기반으로 제공하기 때문에 사용자들이 제작했던 소스나 자원을 공유하여 다양한 분야에 응용이 가능하다는 장점이 있다. 또한 다양한 예제 샘플 소스들을 제공하기 때문에 처음 로보이노를 배우는 분들도 쉽게 사용할 수 있다.

로보이노의 활용 분야 :

- 교육용 로봇 분야
- 모터 제어 분야
- 센서 제어 분야 (온도, 습도, 초음파, 적외선센서 등등)
- 사운드 관련 분야 (부저, 소리 등등)
- VR 분야, 드론 분야
- 유/무선 네트워크 분야

그림 1.2 로보이노 보드 외형

로보이노 소프트웨어는 www.roboino.com 에서 제공하고 있으며 다양한 보드들도 판매하고 있다.

1.3 아두이노와 로보이노 보드의 종류

아두이노 보드와 로보이노 보드의 종류에 대해서 알아보자. 두 회사에서 제공하는 보드들은 각자의 특징을 가지고 있기 때문에 사용자의 용도에 맞게 구입해서 활용하면 좋을 듯하다. 우선 아두이노보드는 처음 입문자에게 사용할 수 있는 입문 레벨(ENTRY LEVEL), 복잡한 프로젝트를 위한 높은 레벨(ENHANCED FEATURES), 인터넷 접속을 통한 제어 보드인 사물인터넷(INTERNET OF THINGS), 웨어러블 프로젝트를 수행할 때 활용이 가능한 웨어러블 제품(WEARABLE)들로 구성되어 있다.

그리고 로보이노 보드는 처음 입문하기 위한 제품인 입문 레벨(ENTRY LEVEL), 로봇을 제어하기 위한 제어보드인 로봇 제어(ROBOT OF ROBOTS), 웨어러블 프로젝트를 수행할 때 활용이 가능한 웨어러블 제품(WEARABLE), 다양한 제어를 위한 제어 쉴드(Control Sheld)로 제공하고 있다. 각각에 대해서 살펴보도록 하자.

1.3.1 아두이노 보드 종류

아두이노 보드는 www.arduino.cc에서 다양한 보드를 제공하고 있다. 사용하는 용도에 따라서 다양하게 사용할 수 있기 때문에 사용자가 원하는 보드를 구입해서 사용하면 된다.

다음은 아두이노 본사에서 제공되는 제품들을 정리하여 놓았으니 참고하기 바란다.

- ENTRY LEVEL (입문 레벨) : 처음 입문하기 위한 제품들

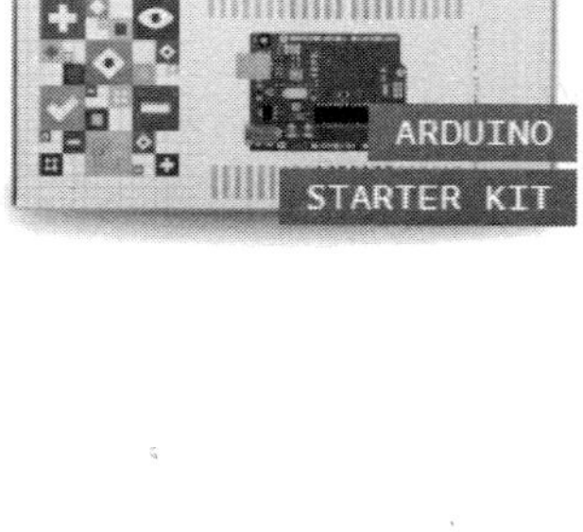

- ENHANCED FEATURES (높은 특색) : 복잡한 프로젝트를 위한 제품들

ARDUINO MEGA 2560

ARDUINO ZERO

ARDUINO PROTO SHIELD

- INTERNET OF THINGS (사물인터넷) : 인터넷 접속을 통한 제어 보드

ARDUINO MKR1000

ARDUINO WIFI SHIELD 101

ARDUINO YÚN Shield

- WEARABLE (웨어러블) : 웨어러블 프로젝트를 수행할 때 활용이 가능한 제품들

ARDUINO GEMMA

LILYPAD ARDUINO SIMPLE

LILYPAD ARDUINO MAIN BOARD

LILYPAD ARDUINO USB

LILYPAD ARDUINO SIMPLE SNAP

1.3.2 로보이노 보드 종류

로보이노 보드는 www.roboino.com에서 다양한 보드를 제공하고 있다. 사용하는 용도에 따라서 다양하게 사용할 수 있기 때문에 사용자가 원하는 보드를 구입해서 사용하면 된다.

다음은 로보이노사에서 제공되는 제품들을 정리하여 놓았으니 참고하기 바란다.

- ENTRY LEVEL (입문 레벨) : 처음 입문하기 위한 제품들

[Roboino Kno R3]

[Roboino Nano]

[Roboino Nano 보드]

[Roboino mini #1]

[Roboino mini #2] [USB to Serial]

- ROBOT OF ROBOTS (로보 제어) : 로봇을 제어하기 위한 제어 보드

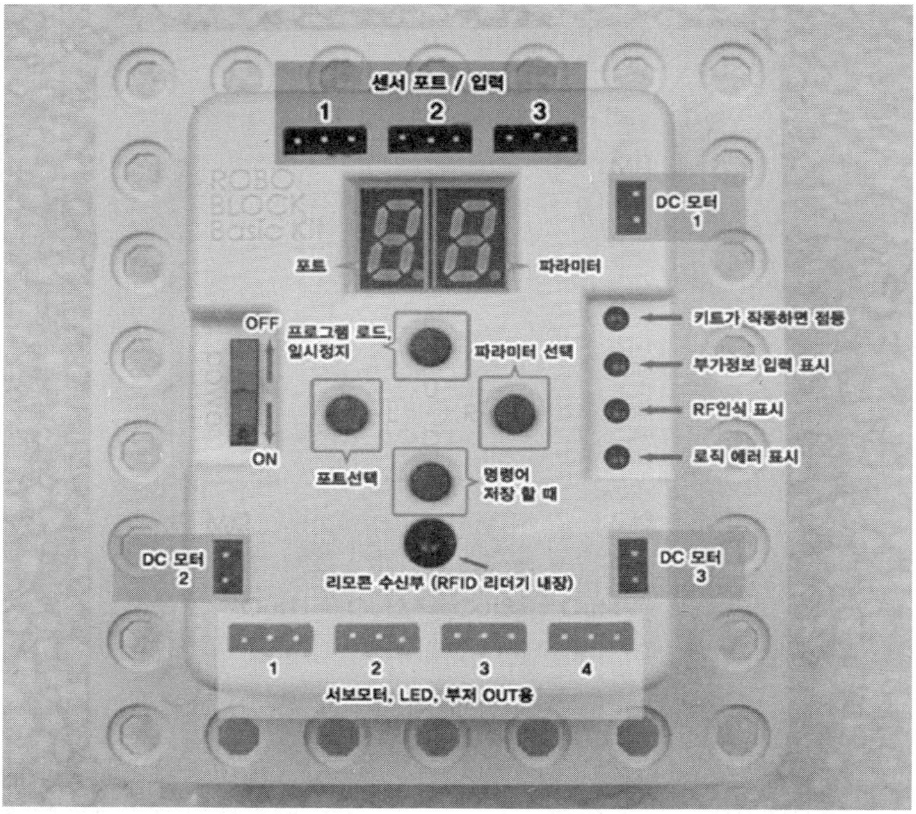

[Roboino RobotB]

- WEARABLE (웨어러블) : 웨어러블 프로젝트를 수행할 때 활용이 가능한 제품

- CONTROL SHELD (제어쉴드) : 다양한 제어를 위한 제어 쉴드 제품 제공

[2ch DC motor shield#1]

[2ch DC motor shield#2]

[4ch DC Motor Shield#1]

[2ch DC Motor driver]

[PWM 2ch DC motor driver]

[미니 DC Motor Driver]

1.4 아두이노와 로보이노 보드의 특징

아두이노 보드와 로보이노 보드는 100% 서로 호환되는 보드로 어느 것을 사용해도 관계가 없다. 그러나 로보이노 보드는 기존에 AVR C 컴파일러를 이용하여 프로그램하는 방식과 스크래치, GUI 방식의 프로그램이 가능하다는 특징을 가지고 있다. 보드들의 특징에 대해서 살펴보자.

[아두이노 하드웨어]

아두이노를 처음 시작한다면 Arduino UNO R3 제품으로 시작하는 것이 좋을 것이라고 생각하며 Arduino UNO R3는 세계적으로 가장 많이 사용되는 하드웨어라고 생각한다. 또한 다양한 응용 소스들이 많아서 직접 프로그램을 작성하지 않고도 동작해볼 수 있기 때문에 초보자들에게는 최고의 제품이 될 것이다. 다음 그림은 Arduino UNO R3 보드를 보여주고 있다.

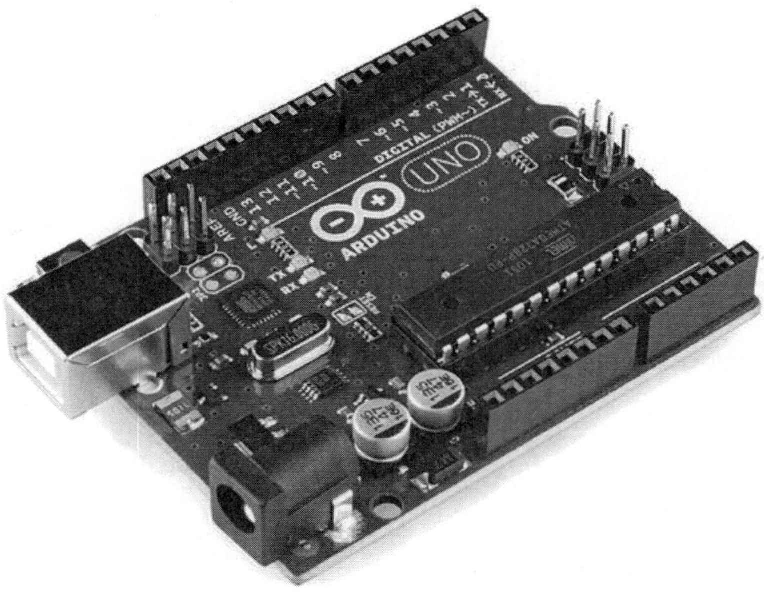

그림 1.3 Arduino UNO R3 보드

표 1.1 Arduino UNO R3 하드웨어 사양

Micro Controller	ATmega 328
Operating Voltage	5 V
Input Voltage	7-12 V Recommended
Digital I/O Pins	14 (of which 6 provide PWM output)
Analog Input Pins	6
DC Current per I/O Pin	40 mA
Flash Memory	32 KB
SRAM	2 KB (ATmega 328)
EEPROM	1 KB (ATmega 328)
Clock Speed	16 MHz

Arduino UNO R3 보드에 익숙해지고 더 많은 기능을 사용하고자 한다면 Arduino Mega 2560 R3(최대 속도 16MHz) 제품을 사용하기를 권장한다. 또한 사물인터넷을 활용하기 원한다면 네트워크에 접속할 수 있는 보드들을 활용하면 다양한 제품들을 개발할 수 있을 것이다. 아두이노는 이와 같이 8비트의 AVR 마이컴을 활용할 뿐만 아니라 최근에는 32비트의 ARM Core 기반의 CPU를 사용하여 개발된 제품들도 출시되어 있기 때문에 활용해 보는 것도 좋을 것이다.

[로보이노 하드웨어]

로보이노를 처음 시작한다면 Roboino KNO R3 제품으로 시작하는 것이 좋을 것이라고 생각하며 Roboino KNO R3는 대표적으로 사용되는 하드웨어라고 생각한다. 또한 다양한 응용 소스들이 많아서 직접 프로그램을 작성하지 않고도 동작을 해볼 수 있기 때문에 초보자들에게는 최고의 제품이 될 것이다. 다음 그림 1.4는 Roboino KNO R3 보드를 보여주고 있다.

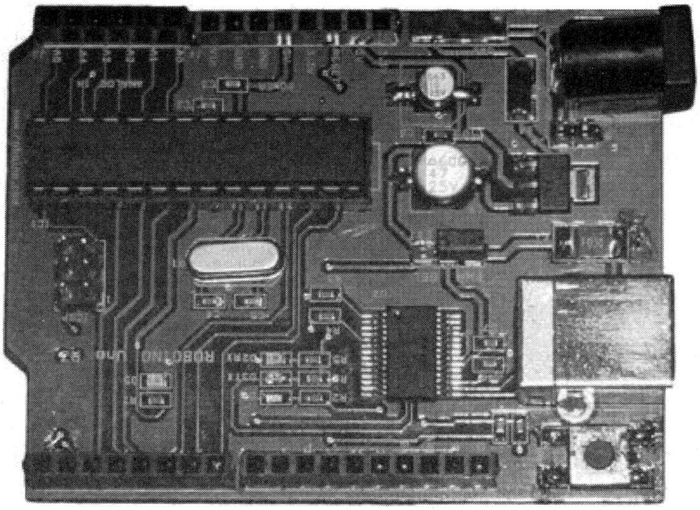

그림 1.4 Roboino KNO R3 보드

표 1.2 Roboino KNO R3 하드웨어 사양

Micro Controller	ATmega 328
Operating Voltage	5 V
Input Voltage	7-12 V Recommended
Digital I/O Pins	14(of which 6 provide PWM output)
Analog Input Pins	6
DC Current per I/O Pin	40 mA
Flash Memory	32 KB
SRAM	2 KB (ATmega 328)
EEPROM	1 KB (ATmega 328)
Clock Speed	16 MHz

Roboino KNO R3 보드는 Arduino Uno R3 보드와 100% 호환되는 보드이고, 아두이노처럼 사용이 가능하며 로보이노사에서 제공하는 스크래치 및 C 언어로 프로그램도 가능하기 때문에 더욱 심도 있는 하드웨어 교육에 효과적이라고 생각한다. 본 제품으로 초보자부터 고급자까지 다양하게 사용할 수 있으며 코드 교육을 하는데 있어 효과적일 것이다.

2_아두이노 개발 환경 준비

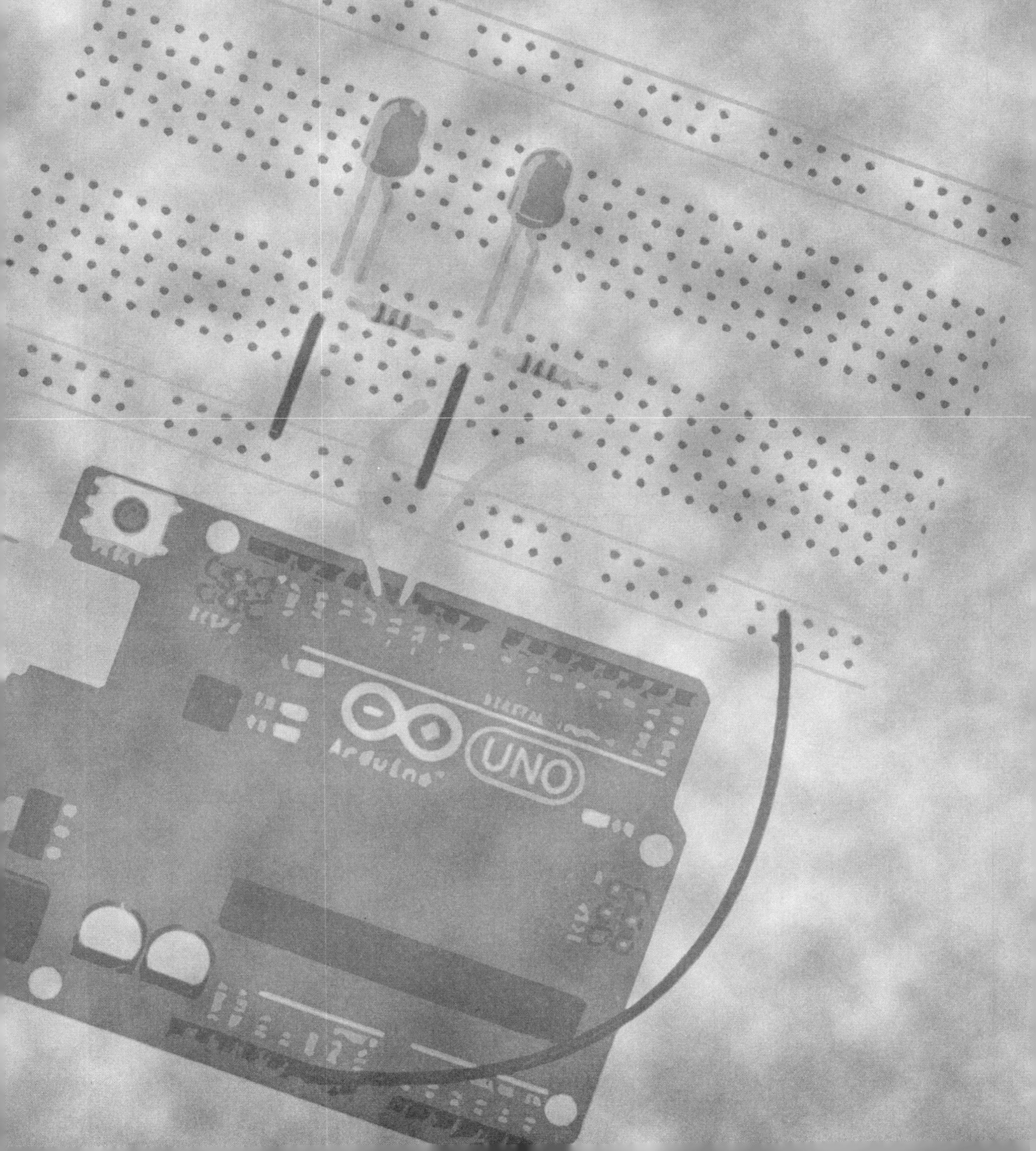

아두이노 개발환경은 초보자도 쉽고 편리하게 사용할 수 있게 구성되어 있는 것이 특징이다. 아두이노는 오픈 소스 기반의 개발환경으로서 대부분이 공개되어 있기 때문에 많은 비용을 들이지 않고도 개발 환경을 준비하여 쉽게 프로그램을 할 수 있다는 장점을 가지고 있다. 아두이노 소프트웨어에서 작성된 소스코드(Sketch)는 바로 소프트웨어 환경에서 컴파일하고 아두이노 하드웨어(Arduino UNO R3)에 업로드 할 수 있게 구성되어 있다. 아두이노 보드가 제공될 때 보드 내부에는 부트로더(Bootloader)라는 프로그램이 이미 들어있기 때문에 편리한 사용이 가능하다.

2.1 아두이노 개발환경 준비하기

아두이노 소프트웨어는 일반적으로 스케치(Sketch)라고 부르며 이 스케치는 https://www.arduino.cc/en/Main/Software 에서 다운로드 받을 수 있다. 주소 창에 위의 주소를 입력하면 그림 2.1과 같이 다운로드 페이지를 볼 수 있을 것이다. 여기서 Windows, Mac OS X, Linux 등의 플랫폼에 맞게 프로그램을 다운로드 받을 수 있으며, 이 책에서는 윈도우를 기반으로 설명하기 때문에 윈도우용 스케치를 다운받아보자.

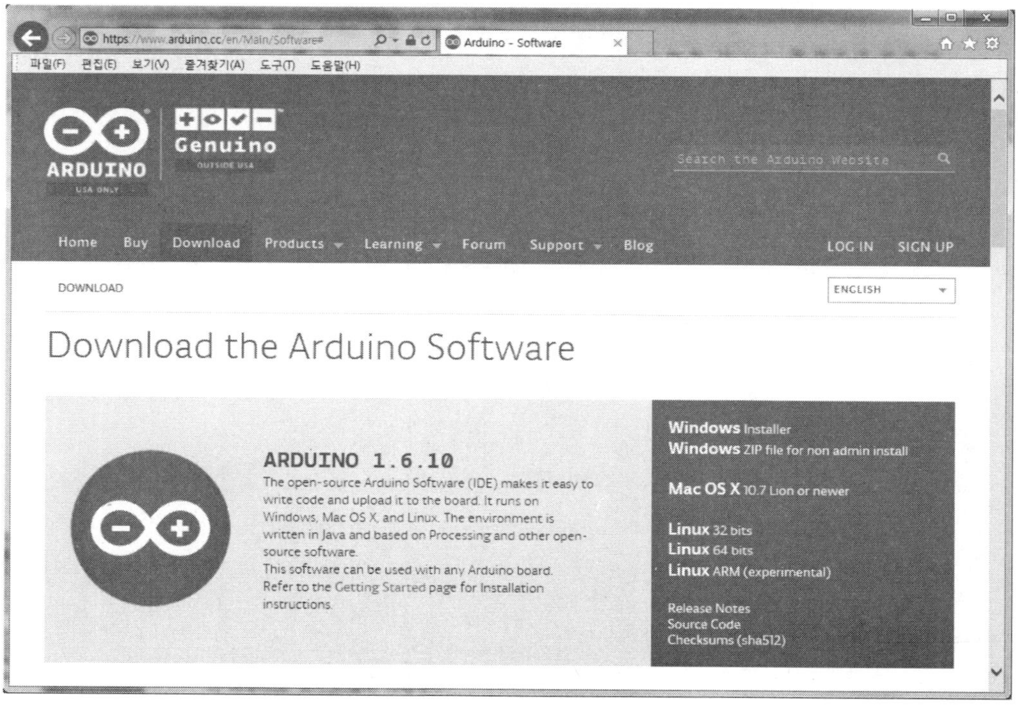

그림 2.1 아두이노 스케치 다운로드 페이지

※ 참고 : 아두이노 스프트웨어는 무료로 제공되고 있으나 3$ 이상을 기부하고 다운받을 수도 있게 되어 있다. 기부하지 않고 프로그램을 받을 경우에는 "JUST DOWNLOAD"를 클릭하여 다운받으면 된다.

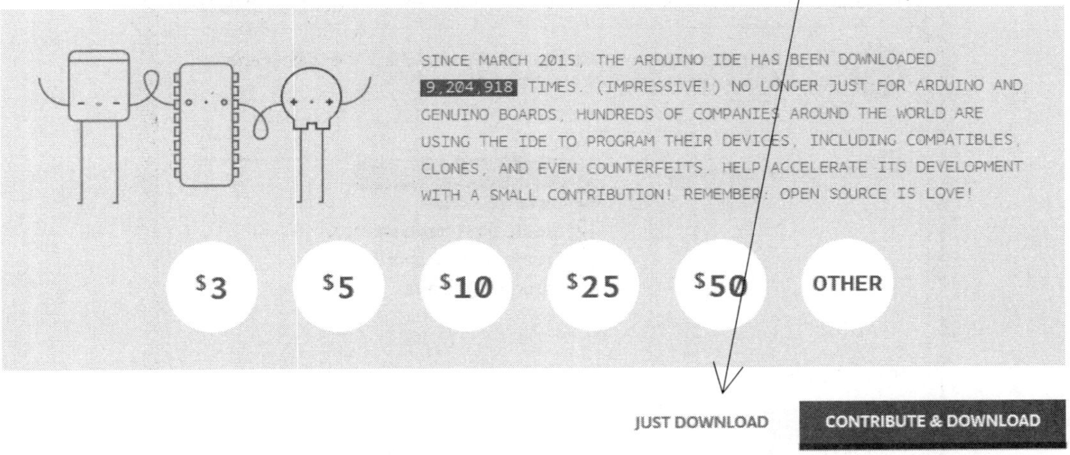

프로그램을 다운로드 받았다면 설치(인스톨)과정을 진행한 후에 사용하면 된다. 이제 설치과정을 순차적으로 따라서 해보자.

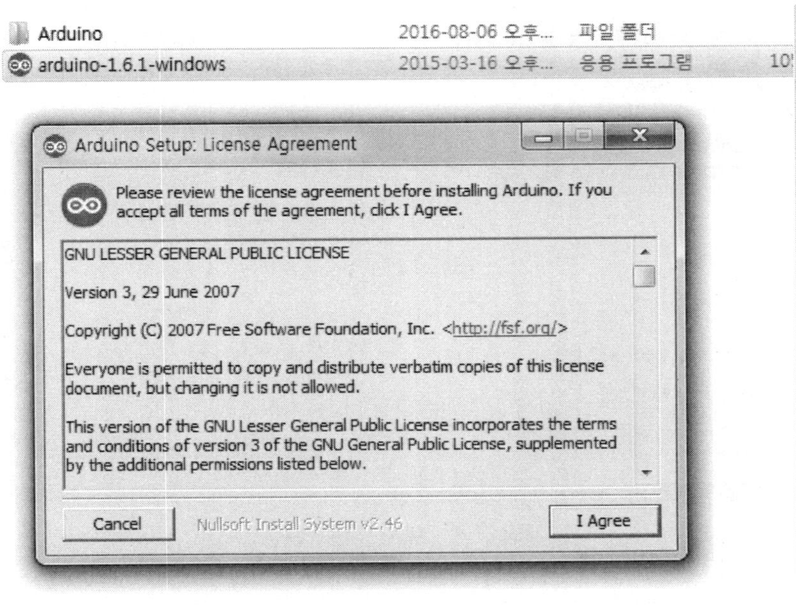

그림 2.2 아두이노 설치화면

아두이노의 설치 내용을 선택한 후에 "Next"를 클릭하고 경로 설정 후 "Install"을 클릭하여 설치하면 된다.

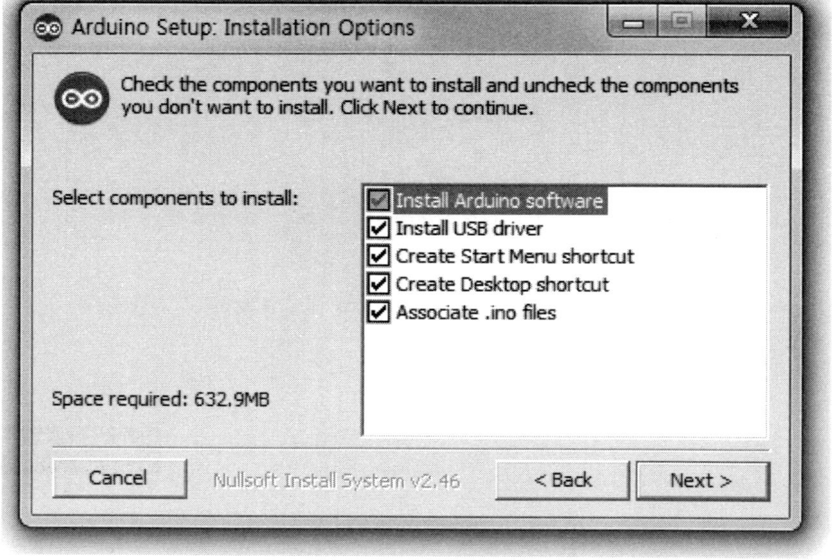

그림 2.3 아두이노 내용 선택

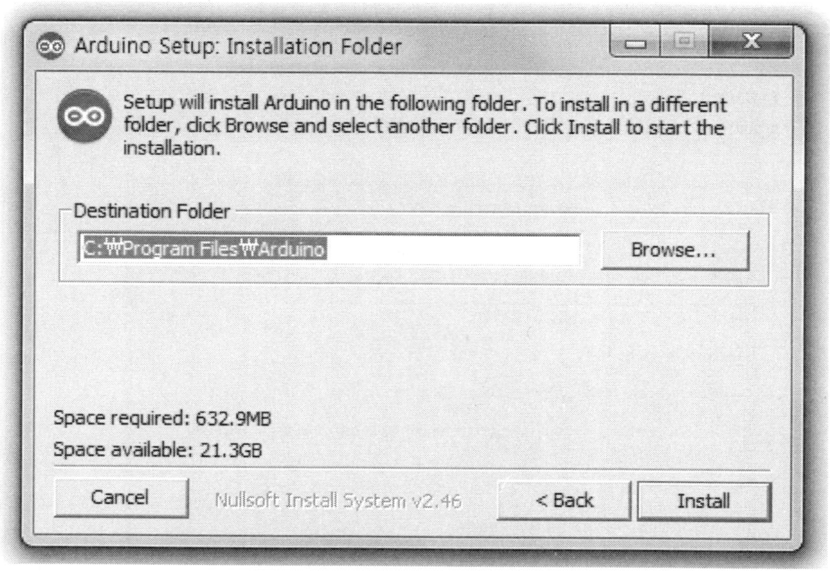

그림 2.4 설치 경로 설정

아두이노 설치 중간에 USB 드라이버를 설치할 것인지 물어보게 되는데 모두 설치하겠다고 클릭하면 설치가 완료된다. 그림 2.6은 프로그램 설치가 완료된 상태를 보여준다.

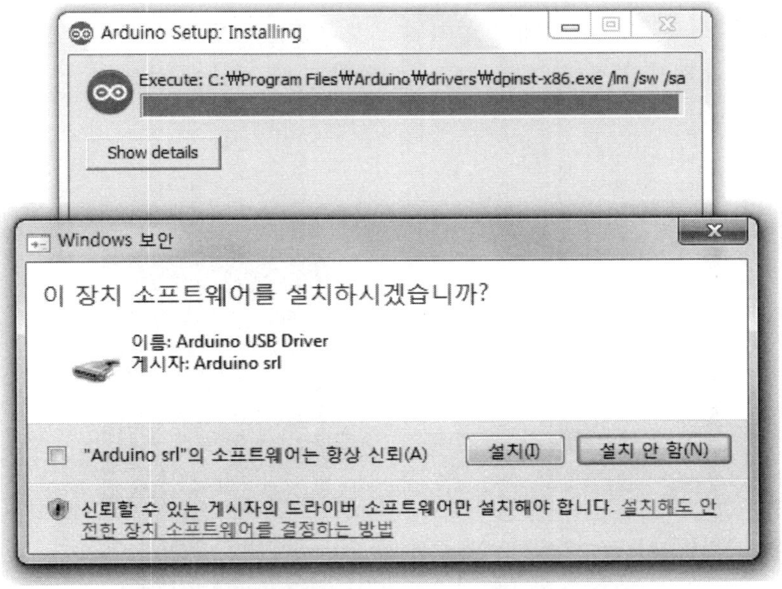

그림 2.5 USB 드라이버 설치

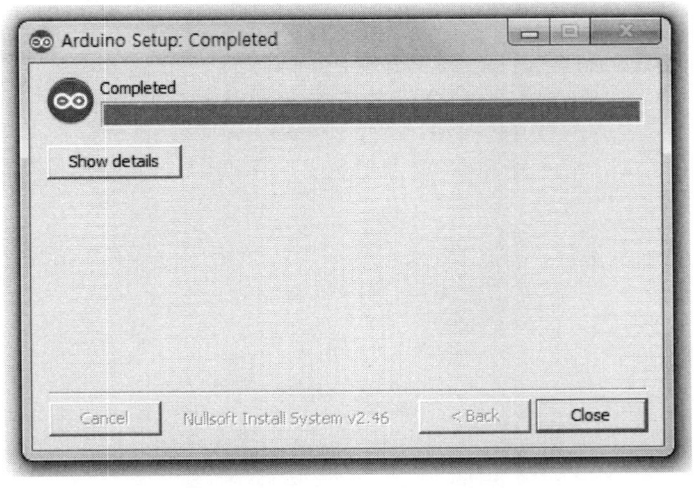

그림 2.6 프로그램 설치 완료 상태

2.2 Arduino UNO R3로 시작하기

이제 아두이노를 시작해보자. 앞에서 설치된 프로그램을 그림 2.7에서와 같이 시작메뉴에서 아두이노 아이콘을 선택하여 실행한다. 처음에는 열리는 데 시간이 걸릴 수 있으니 시간을 갖고 기다려보자.

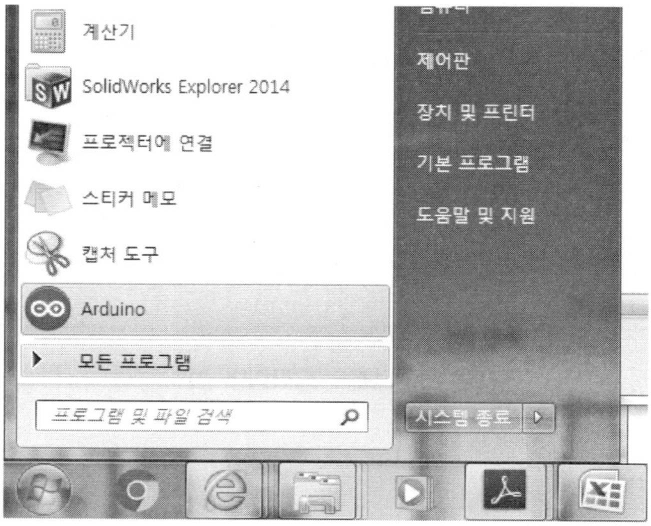

그림 2.7 윈도우 시작에서 실행하기

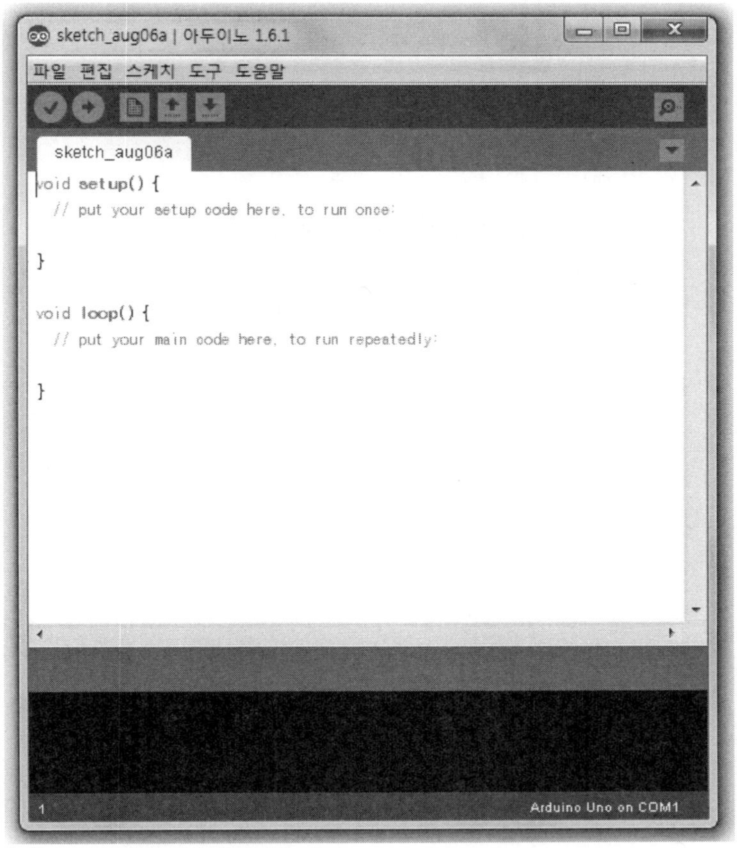

그림 2.8 아두이노 스케치 초기화면

아두이노 프로그램이 실행되었다면 이제 아두이노 보드를 USB 케이블로 PC와 연결하여 보자. 아두이노 소프트웨어에서 [도구] → [시리얼 포트]를 클릭하여 시리얼 포트가 활성화되어 있는지 확인하고 아두이노 보드의 드라이버가 없을 경우에는 보드에 맞는 드라이버를 설치하여야 한다.

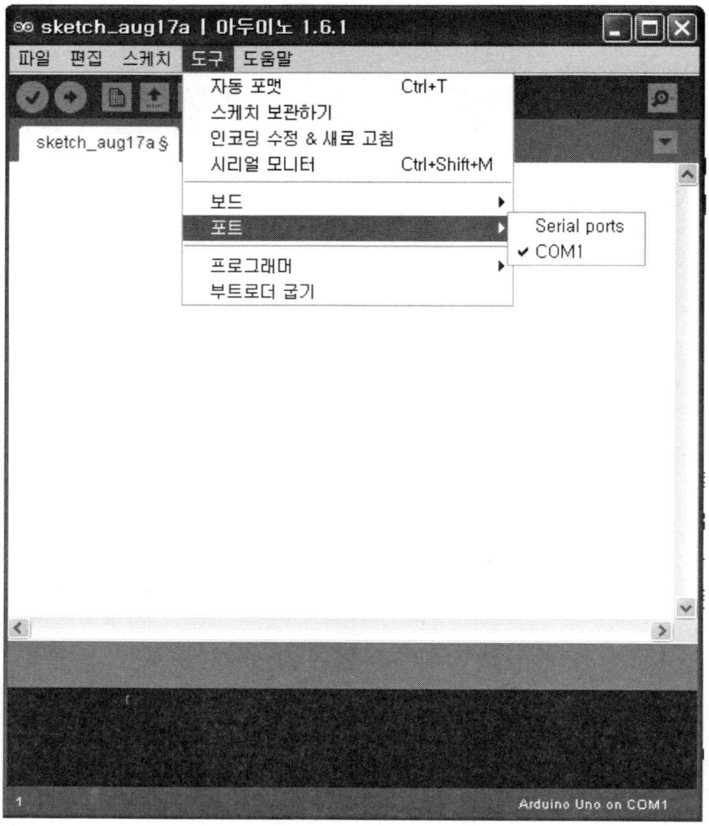

그림 2.9 시리얼 통신 포트 연결 확인

앞에서 이야기했듯이 아두이노 보드에는 부트로더라는 프로그램이 들어가 있기 때문에 PC와 USB 케이블로 연결하고 드라이버만 인식을 하게 되면 PC에서 프로그램을 작성하여 아두이노 보드(Arduino Uno R3)에 업로드 할 수 있게 된다.

그림 2.10과 같이 [도구]→[보드]에서는 사용하고 있는 보드[Arduino UNO]를 선택해야만 한다. 만약 다른 보드를 사용할 경우에는 프로그램 다운로드가 되지 않을 수도 있다. 본인이 사용하고 있는 보드에 맞게 선택하여야한다.

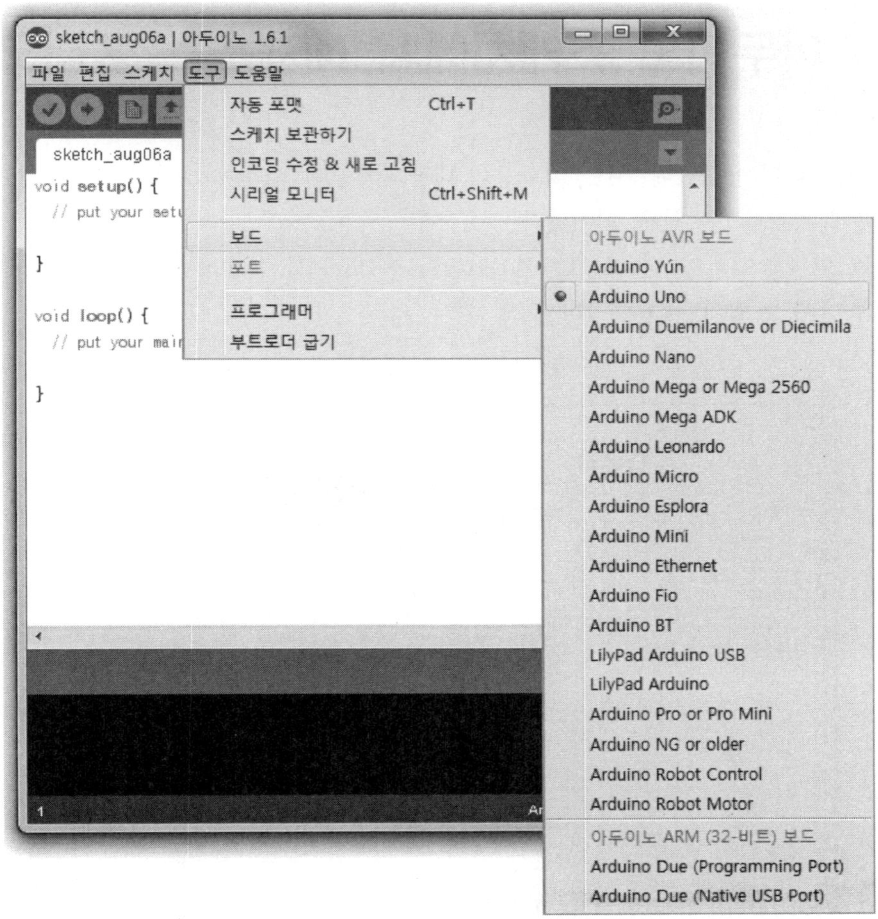

그림 2.10 Arduino UNO R3 보드 선택

2.3 아두이노 스케치에서 예제소스 불러오기

아두이노 소프트웨어에는 예제 프로그램들이 내장되어 있기 때문에 초보자들도 쉽게 프로그램을 불러와서 테스트할 수 있게 되어있다.

그림 2.11에서와 같이 [파일]→[예제]→[01Basics]→[Blink]를 선택하면 새로운 창이 열리면서 그림 2.12와 같이 스케치 예제를 불러오게 된다.

그림 2.11 아두이노 스케치 예제 불러오기 절차

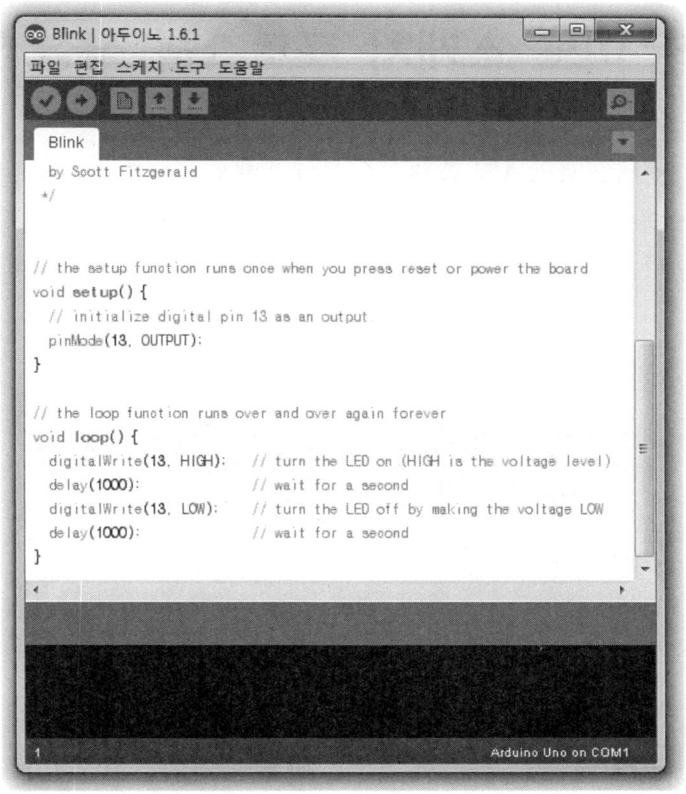

그림 2.12 아두이노 스케치 예제 불러오기

2.4 아두이노 스케치 프로그램 작성 및 저장

앞에서 불러온 예제 소스를 수정한 후에 저장하기 위해서는 다른 경로와 이름으로 저장하는 것이 좋다. 저장하는 곳은 아무 곳이나 상관없으나 사용자가 관리가 편한 곳으로 폴더를 만들어서 관리하면 좋을 것이다. 저자는 C:\example 폴더를 만들어서 관리하도록 하겠다.

그림 2.13 저장할 경로 설정

2.5 아두이노 스케치 컴파일과 업로드

저장된 파일에 대해 "컴파일" 이라는 작업이 필요하다. 컴파일은 소스 프로그램을 기계코드로 변경하는 과정이라고 생각하면 될 것이다. 메뉴에서 [스케치]→[확인&컴파일]을 선택하거나 Ctrl+R을 눌러서 수행하게 된다. 또한 아주 간단하게 명령아이콘(✓)을 눌러주면 컴파일이 수행된다. 작성된 스케치에 에러가 없을 경우에는 에러메시지 없이 컴파일이 성공했다는 내용과 함께 Arduino UNO R3 보드에 업로드 할 준비가 완료된다.

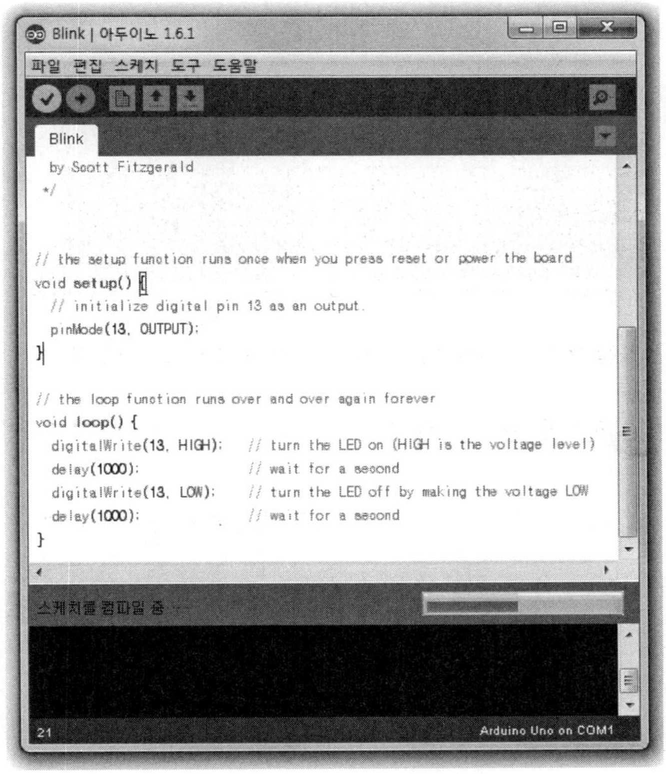

그림 2.14 아두이노 스케치 컴파일 과정과 완료 표시

이제 "컴파일"이 안전하게 완료가 되었으며 Arduino UNO R3에 업로드하는 절차에 대해서 알아보자.

메뉴에서 [파일]→[업로드]를 선택하거나 Ctrl+U을 눌러서 수행하게 된다. 또한 아주 간단하게 명령아이콘()을 눌러 주면 업로드를 수행하게 된다. 업로드가 완료되면 Arduino UNO R3 보드에 있는 LED가 Blink(1초 주기로 ON / OFF를 반복)동작을 수행하고 있을 것이다. 동작되는 프로그램의 설명은 다음 장에서 자세하게 살펴보도록 하자.

3_아두이노로 LED 제어

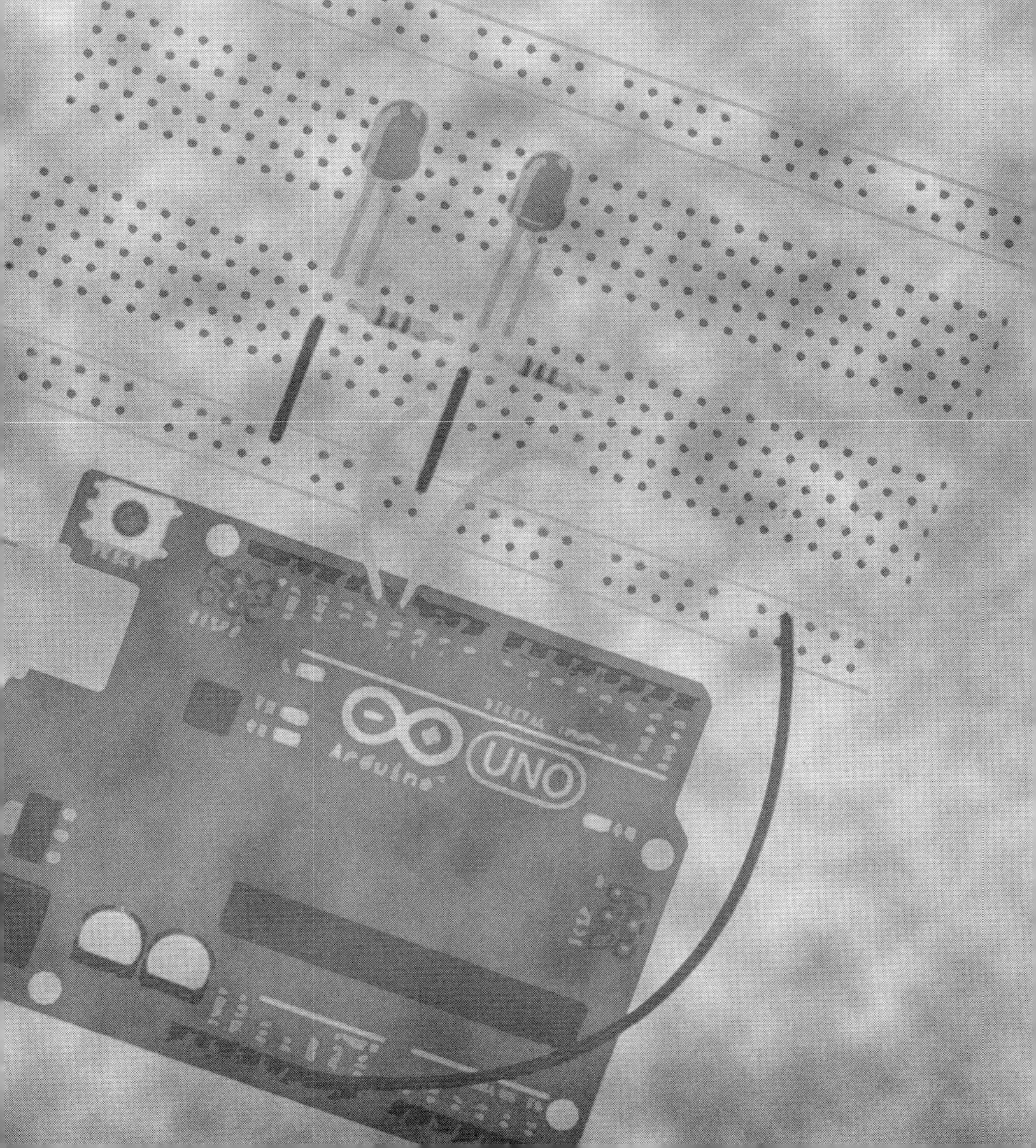

3.1 LED 제어하기

아두이노로 LED에 불이 들어오게 해보자. 아두이노의 지정된 핀에 "HIGH" 신호를 출력하여 LED에 불이 들어오게 하고 "LOW" 신호를 출력하여 LED에 불이 꺼지게 한다.

그림 3.1 LED 제어 방법

[준비물]

- 브레드보드 1개
- 아두이노 보드 1개
- 5파이 RED LED 2개
- 저항(220오음) 2개

디지털 출력 "HIGH/LOW" 로 LED 제어

앞에서 설명했듯이 아두이노 보드를 이용하여 LED 회로를 구성한 후에 LED를 깜박이게 해보자. 동작을 위해서는 다음과 같이 브레드보드, 아두이노 보드, LED, 저항 재료를 준비하도록 하자.

[회로 결선도]

아두이노 보드로 LED를 제어하기 위하여 그림 3.2와 같이 브레드보드에 LED와 저항을 연결해 보자. 우선 브레드보드에 LED와 저항을 꽂고 점퍼 케이블을 이용하여 배선 연결 작업을 수행한다. 이때 아두이노 보드에 전원을 인가하지 않은 상태에서 작업을 하도록 주의한다. 만약 전원이 인가되어 있는 상태에서 작업을 할 경우 잘못하면 아두이노 보드나 부품이 영구히 고장날수 있기 때문에 주의하도록 하자.

※ 주의 - 점퍼 케이블로 배선 작업을 할 경우에는 전원을 인가하지 않은 상태에서 작업한다.
- 전원 연결 시 VCC는 5V에, GND는 0V에 연결하도록 하고 극성을 서로 반대로 꽂지 않도록 주의한다.

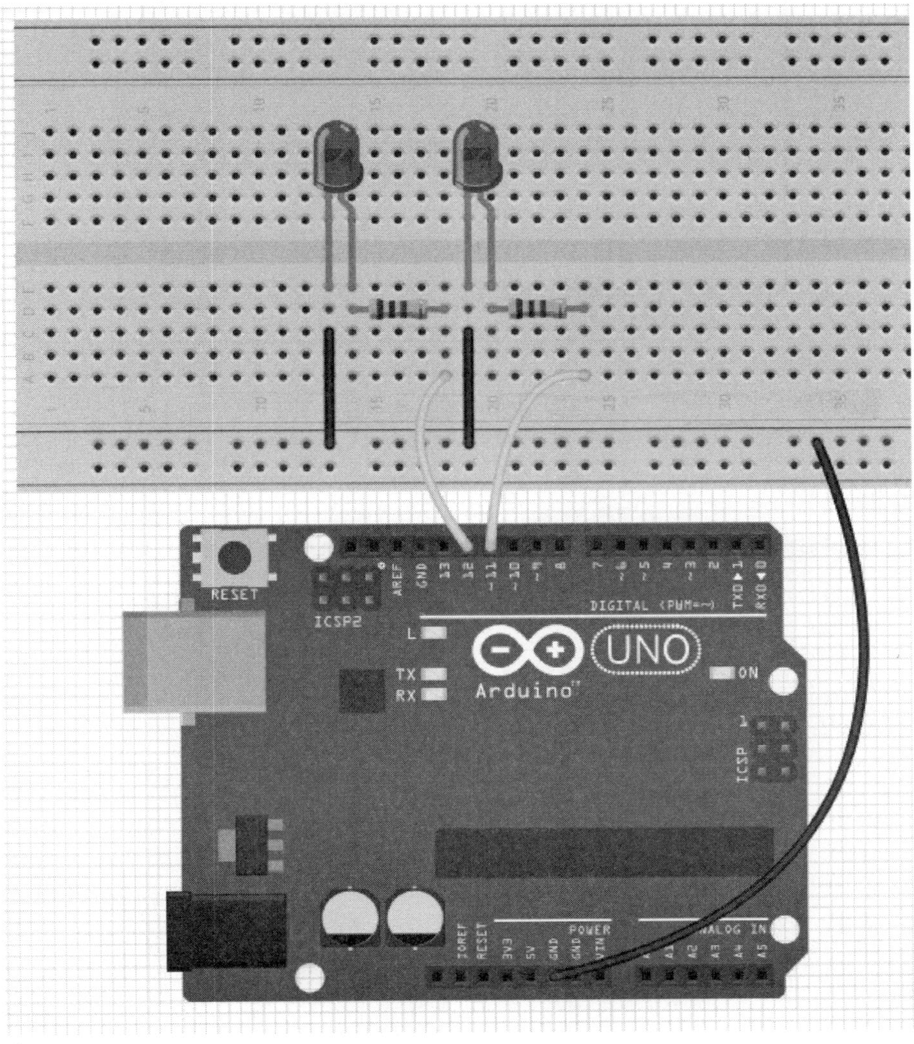

그림 3.2 LED 회로 연결

회로도를 구성할 때 아두이노의 디지털 핀 D12, D11에 LED를 연결하여 제어하도록 하였다. 앞에서 설명했듯이 LED에는 220 오음의 저항이 있어야만 LED가 안전하게 구동된다. 회로 구성이 완료되었으면 USB 케이블을 PC에 연결하여 전원과 프로그램을 업로드할 수 있게 준비한다. 브레드보드에 구성된 회로의 회로도는 그림 3.3과 같이 표현할 수 있다.

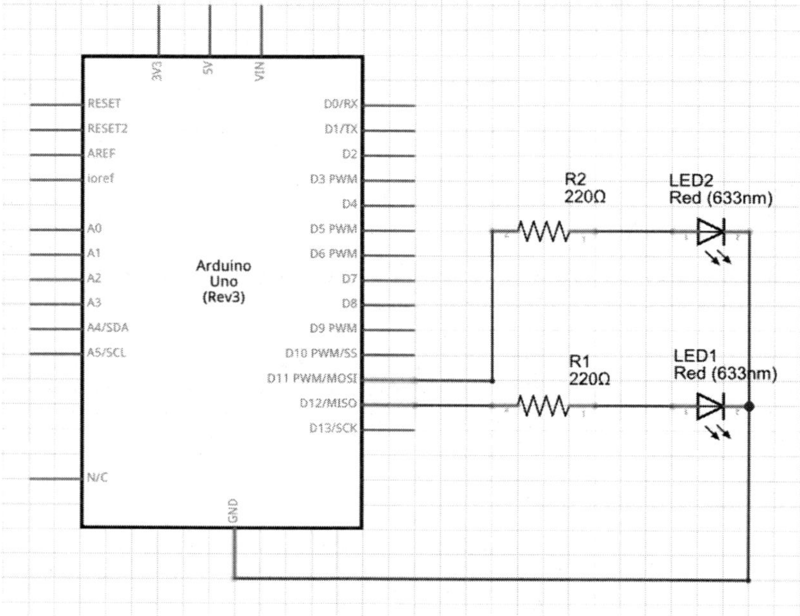

그림 3.3 LED 회로도

[프로그램 실험]

아두이노 개발환경에서 새로운 스케치를 열고 다음과 같은 코드를 작성하여 실험하여 보도록 하자. 다음 프로그램은 LED를 1초에 한번씩 ON/OFF 하는 프로그램이다.

```
int led1 = 11;

void setup()
{
    pinMode(led1, OUTPUT);
}

void loop()
{
    digitalWrite(led1, HIGH);

  delay(1000);

    digitalWrite(led1, LOW);

  delay(1000);
}
```

[프로그램 동작]

스케치에 소스코드를 입력한 후에 컴파일을 수행하도록 하자. 컴파일 과정에서 에러가 발생하면 에러 발생의 원인을 확인하고 앞의 소스와 같이 입력되어 있는지 확인하고 수정한 후에 컴파일을 다시 수행한다. 컴파일이 완료되면 아두이노 보드에 업로드를 수행한 후에 동작을 확인하여 보자.

포트11번에 연결되어 있는 LED가 1초 간격으로 ON/OFF 동작을 반복할 것이다. 만약 동작이 안 될 경우에는 LED의 극성이나 해당 포트에 연결되어 있는지 확인하여 보자.

[프로그램 설명] - 프로그램에 대해서 알아보자.

- LED가 아두이노에 연결된 핀을 설정

int led1 = 11;   // 핀 11번에 led1 연결되어 있다고 변수 선언

여기서 변수 선언은 반드시 하여야 하며 선언된 변수는 앞으로 led1이라는 이름을 활용하여 스케치 코드를 작성할 것이다.

- 디지털 핀(포트)을 출력으로 설정

pinMode(led1, OUTPUT);   // 11번 핀을 출력으로 설정

아두이노 보드의 모든 핀들은 사용하기 전에 입력/출력을 설정해줘야 한다. 출력을 사용하려면 출력으로, 입력을 사용하려면 입력으로 설정하여야 한다.

- 아두이노의 디지털 핀(포트)에 "HIGH" 신호를 출력함

digitalWrite(led1, HIGH);

아두이노 보드의 11번 핀(포트)에 HIGH로 출력하게 되며 해당 포트에서 출력 전압 값이 5V가 출력되게 된다. 아두이노 해당 포트에서 GND 쪽으로 전류가 흐르게 되면서 LED1번에 불이 켜지게 된다.

- LED가 켜지고 나서 지연 시간이 필요함

delay(1000); // 1초 지연

지연시간이 없으면 LED 불이 켜지고 바로 지나가기 때문에 눈으로 확인이 안 된다. 그렇기 때문에 LED 불이 켜진 상태를 일정한 시간만큼 유지해주어야 한다.

※ 참고 : delay() 함수는 millisecond 단위 동안 시간을 지연.
delay(1000) 함수의 인자로 1000이기 때문에 1000msec(1초) 동안 시간 지연을 수행함.

- 디지털 핀(포트)에 "LOW" 신호를 출력함

digitalWrite(led1, LOW);

해당하는 핀에 LOW 신호를 출력하여 LED가 꺼지게 한다. 그리고 일정한 시간을 유지한 후에 무한 반복하게 되면 LED가 일정한 간격으로 ON/OFF 하는 동작이 수행된다.

3.2 4비트 오른쪽 쉬프트 제어

아두이노로 4개의 LED에 불이 들어오게 하여 보자. 아두이노의 지정된 핀에 LED를 연결하고 하나씩 순차적으로 해당 포트에 "HIGH" 신호를 출력하여 LED에 불이 들어오게 하고 "LOW" 신호를 출력하여 LED에 불이 꺼지게 하면서 동작시키면 오른쪽으로 쉬프트하는 동작이 된다. 그림 3.4는 4개의 LED를 아두이노의 D8, D7, D6, D5에 연결한 회로도를 보여주고 있다. 회로를 구성해보자.

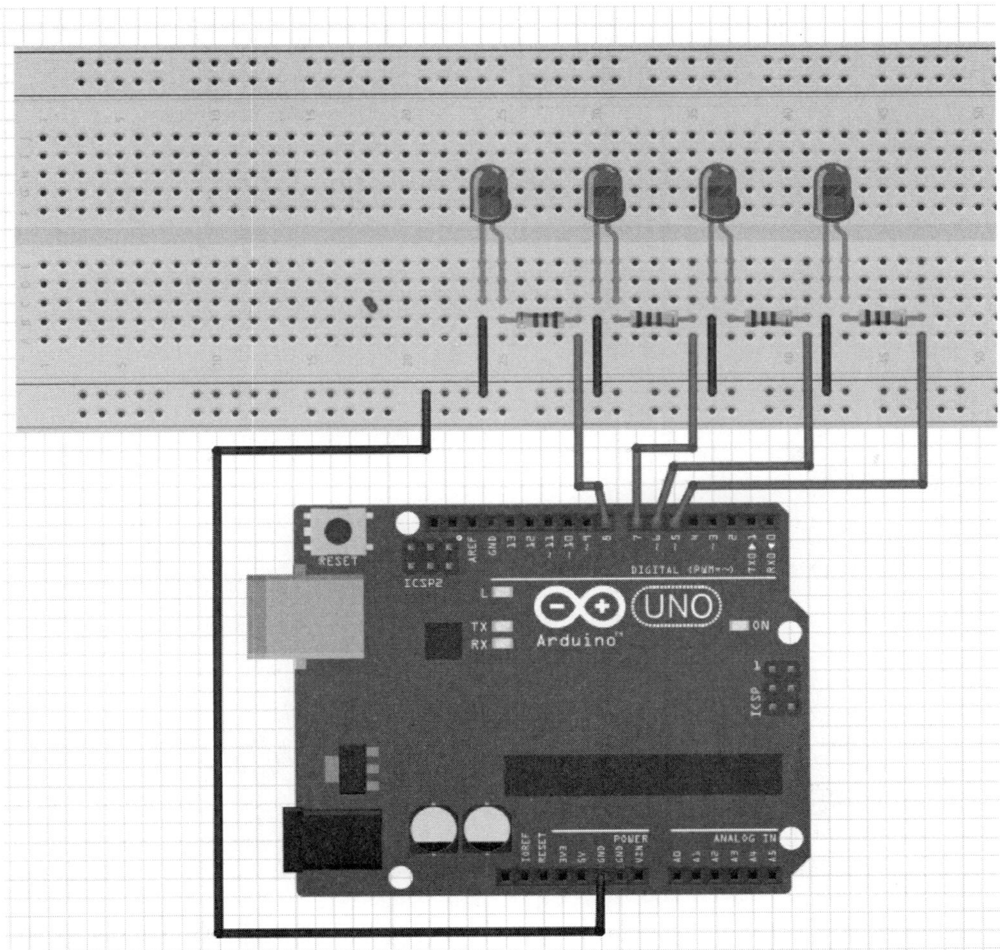

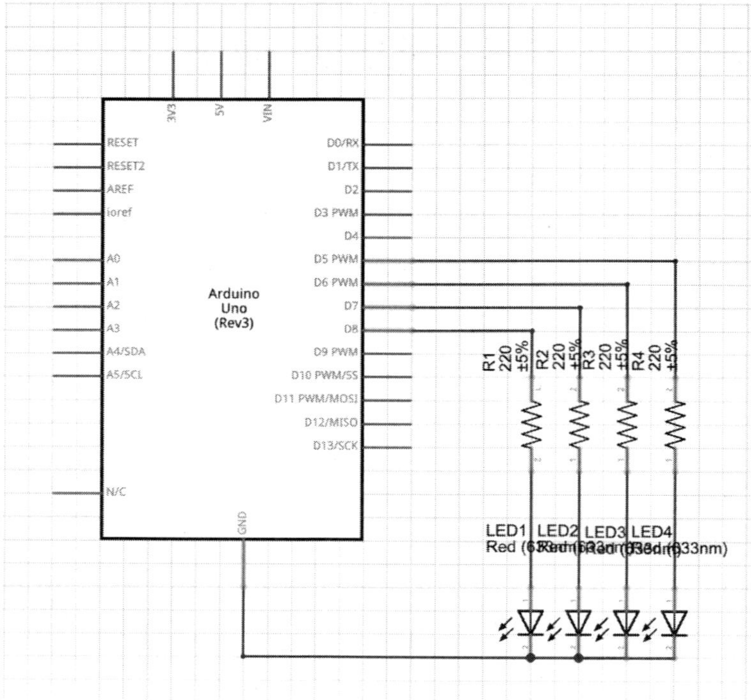

그림 3.4 4비트 LED 제어 회로

[준비물]

- 브레드보드 1개
- 아두이노 보드 1개
- 5파이 RED LED 4개
- 저항(220오음) 4개

[회로 결선도]

아두이노 보드로 LED 제어를 위하여 그림 3.4와 같이 브레드보드에 LED와 저항을 연결해보자. 우선 브레드보드에 LED와 저항을 꽂고 점퍼 케이블을 이용하여 배선 연결 작업을 수행한다.

[프로그램 실험]

아두이노 개발환경에서 새로운 스케치를 열고 다음과 같은 코드를 작성하여 실험해보자. 다음 프로그램은 4개의 LED가 순차적으로 ON 되게 하는 프로그램이다. 오른쪽으로 쉬프트하는 모양으로 불이 들어올 것이다.

```
int led1 = 8;
int led2 = 7;
int led3 = 6;
int led4 = 5;

void setup()
{
      pinMode(led1, OUTPUT);
      pinMode(led2, OUTPUT);
      pinMode(led3, OUTPUT);
      pinMode(led4, OUTPUT);

}

void loop()
{
      digitalWrite(led1, HIGH);
      digitalWrite(led2, LOW);
      digitalWrite(led3, LOW);
      digitalWrite(led4, LOW);
   delay(500);
      digitalWrite(led1, LOW);
      digitalWrite(led2, HIGH);
      digitalWrite(led3, LOW);
      digitalWrite(led4, LOW);
   delay(500);
      digitalWrite(led1, LOW);
      digitalWrite(led2, LOW);
      digitalWrite(led3, HIGH);
      digitalWrite(led4, LOW);
   delay(500);
      digitalWrite(led1, LOW);
      digitalWrite(led2, LOW);
      digitalWrite(led3, LOW);
      digitalWrite(led4, HIGH);
   delay(500);

}
```

[프로그램 동작]

스케치에 소스코드를 입력한 후에 컴파일을 수행하도록 하자. 포트에 연결되어 있는 4개의 LED가 순차적으로 불이 들어와서 오른쪽으로 쉬프트해가는 동작이 반복될 것이다. 4가지의 출력 동작을 시간 간격을 주고 출력하게 되면 LED에서는 쉬프트하는 모양이 된다.

3.3 7세그먼트 동작하기

7세그먼트는 8개의 LED를 팩으로 구성하여 숫자를 표시하는 디스플레이 모듈이다. 8개의 LED의 조합에 의하여 0~9까지 숫자를 표시할 수 있게 구성되어 있다.

두 개의 Digit 3개, 4개, 5개 등등 다양한 형태로 제공되기 때문에 내가 표현하고자 하는 숫자에 따라서 선택하면 된다. 본 절에서는 간단한 숫자만 표기하기 때문에 1개의 7세그먼트만 이용하여 보자. 7세그먼트는 8개의 LED가 애노드쪽에 공통으로 묶여 있는지 혹은 캐소드쪽에 공통으로 묶여 있는지에 따라서 Anode COM, Cathode COM 타입으로 나눠지게 된다. 다음 그림 3.5는 7세그먼트의 외형을 보여주고 있으며 그림 3.6은 두 가지 타입의 7세그먼트의 내부 구조를 보여주고 있다.

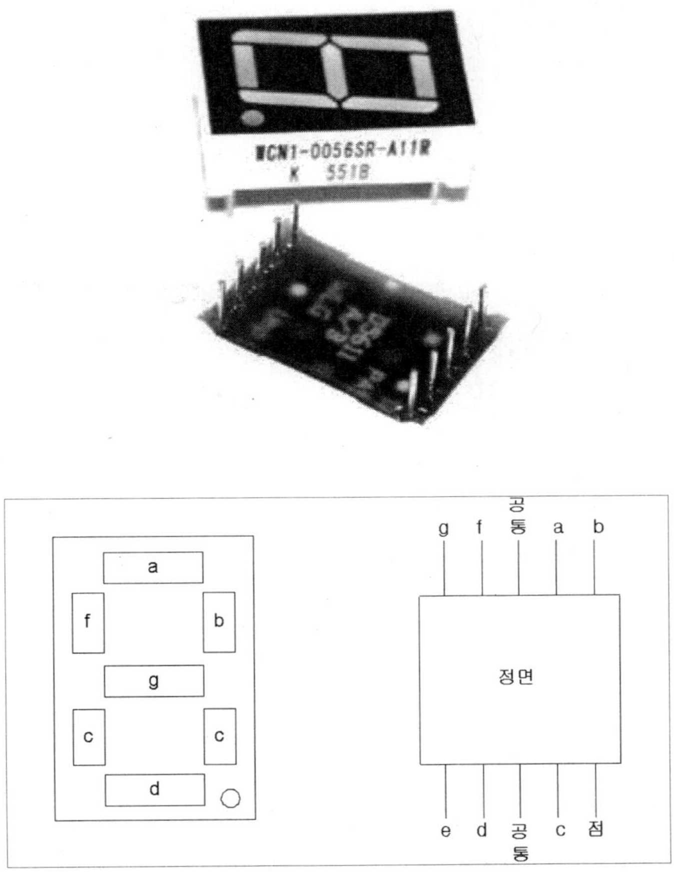

그림 3.5 LED 7 Segment Types

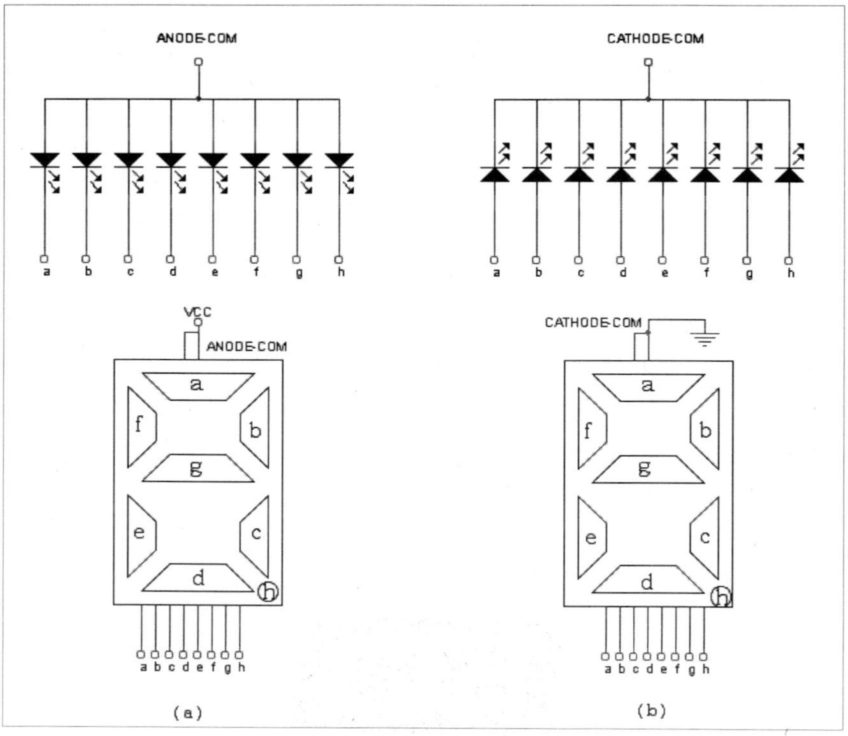

그림 3.6　7 Segment 회로도

7세그먼트의 실험을 위하여 1개의 7세그먼트, 저항 8개, 브레드보드, 아두이노 보드를 준비하도록 하자. 아두이노 보드를 이용하여 브레드보드에 저항과 7 segment를 구성한 후에 제어하여 보자.

[준비물]

- 브레드보드 1개
- 아두이노 보드 1개
- FND 1개 (Anode-Com type)
- 저항(330오음) 8개

[회로 결선도]

아두이노 보드에 7 segment, 저항을 그림 3.7과 같이 브레드보드에 연결하도록 해보자. 점퍼선들이 복잡해서 회로를 잘못 구성할 수 있기 때문에 하나씩 확인하면서 회로를 구성하도록 하자.

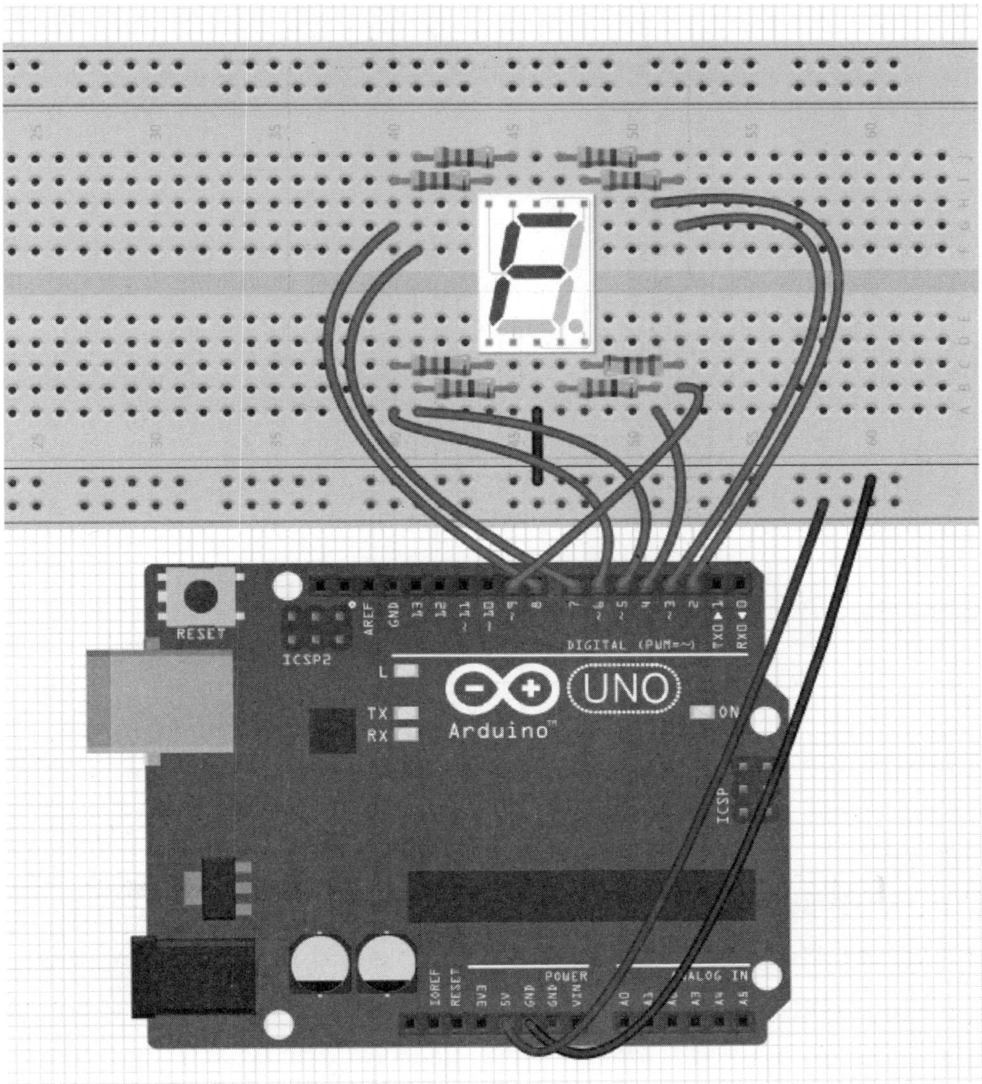
RESET
ICSP2
AREF
GND
13
12
~11
~10
~9
8
7
~6
~5
4
~3
2
TX▶1
RX◀0
DIGITAL (PWM=~)
L
TX
RX
UNO
Arduino™
ON
ICSP
IOREF
RESET
3V3
5V
GND
GND
VIN
POWER
ANALOG IN
A0
A1
A2
A3
A4
A5

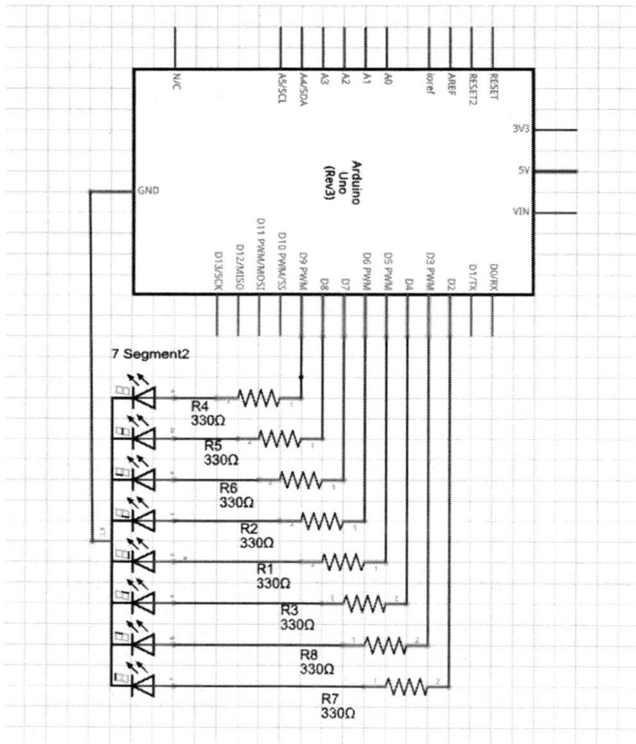

그림 3.7 7 segment 회로 구성

[프로그램 실험]

아두이노 개발환경에서 새로운 스케치를 열고 다음과 같은 코드를 작성하여 보자. 작성한 후에 컴파일 수행 후 업로드하여 0~2까지 숫자를 표시하는지 동작을 확인하여 보자.

```
int seg_a=2;
int seg_b=3;
int seg_c=4;
int seg_d=5;
int seg_e=6;
int seg_f=7;
int seg_g=8;
int seg_dot=9;


void setup()
{
    pinMode(seg_a,OUTPUT);
    pinMode(seg_b,OUTPUT);
    pinMode(seg_c,OUTPUT);
    pinMode(seg_d,OUTPUT);
    pinMode(seg_e,OUTPUT);
    pinMode(seg_f,OUTPUT);
    pinMode(seg_g,OUTPUT);
    pinMode(seg_dot,OUTPUT);
};
```

```
void loop()
{
    digitalWrite(seg_e,HIGH);    // 0 숫자 표시
    digitalWrite(seg_b,HIGH);
    digitalWrite(seg_c,HIGH);
    digitalWrite(seg_d,HIGH);
    digitalWrite(seg_g,HIGH);
    digitalWrite(seg_f,HIGH);
    digitalWrite(seg_a,HIGH);
    digitalWrite(seg_dot,HIGH);
    delay_ms(500);
    digitalWrite(seg_e,LOW);  // 1 숫자 표시
    digitalWrite(seg_b,LOW);
    digitalWrite(seg_c,LOW);
    digitalWrite(seg_d,LOW);
    digitalWrite(seg_g,HIGH);
    digitalWrite(seg_f,HIGH);
    digitalWrite(seg_a,LOW);
    digitalWrite(seg_dot,LOW);
    delay_ms(500);
    digitalWrite(seg_e,HIGH);    // 2 숫자 표시
    digitalWrite(seg_b,LOW);
    digitalWrite(seg_c,HIGH);
    digitalWrite(seg_d,HIGH);
    digitalWrite(seg_g,LOW);
    digitalWrite(seg_f,HIGH);
    digitalWrite(seg_a,HIGH);
    digitalWrite(seg_dot,LOW);
    delay_ms(500);
}
```

[프로그램 동작]

7세그먼트의 숫자 표시는 8개의 LED 조합에 의하여 표시하는 것이기 때문에 숫자에 해당하는 LED에 불을 ON하고 나머지 LED에는 OFF하면 원하는 숫자가 표시되게 된다. 그렇게 하여 0~9까지의 다양한 숫자를 만들게 된다. 제공된 프로그램에는 0~2까지만 표시하였으면 나머지 숫자에 대해서 각자 만들어 보도록 하자.

- 7segment의 각 핀이 아두이노의 핀(포트)에 각각 연결 설정하는 부분 (디지털출력 포트를 변수를 선언)

```
int seg_a=2;
int seg_b=3;
int seg_c=4;
int seg_d=5;
int seg_e=6;
int seg_f=7;
int seg_g=8;
int seg_dot=9;
```

- 아두이노의 핀(포트)을 출력으로 설정

```
pinMode(seg_a,OUTPUT);
pinMode(seg_b,OUTPUT);
pinMode(seg_c,OUTPUT);
pinMode(seg_d,OUTPUT);
pinMode(seg_e,OUTPUT);
pinMode(seg_f,OUTPUT);
pinMode(seg_g,OUTPUT);
pinMode(seg_dot,OUTPUT);
```

- 아두이노의 핀(포트)에 신호를 출력하여 LED 조합으로 숫자 표시 (0자 표시)

```
digitalWrite(seg_a,HIGH);
digitalWrite(seg_b,HIGH);
digitalWrite(seg_c,HIGH);
```

```
digitalWrite(seg_d,HIGH);
digitalWrite(seg_g,HIGH);
digitalWrite(seg_f,HIGH);
digitalWrite(seg_g,LOW);
digitalWrite(seg_dot,LOW);
```

4_디지털 입력 제어

4.1 스위치 입력 제어하기

아두이노로 스위치의 상태를 입력하기 위해서는 그림 4.1과 같이 스위치와 저항을 이용하여 회로를 구성하여야 한다. 스위치가 OFF되면 저항 때문에 포트에 HIGH 신호가 입력되고 스위치가 ON되면 전압이 저항과 스위치를 통해서 접지로 흐르기 때문에 LOW 신호가 포트에 입력된다.

스위치 OFF → HIGH 신호 입력
스위치 ON → LOW 신호 입력

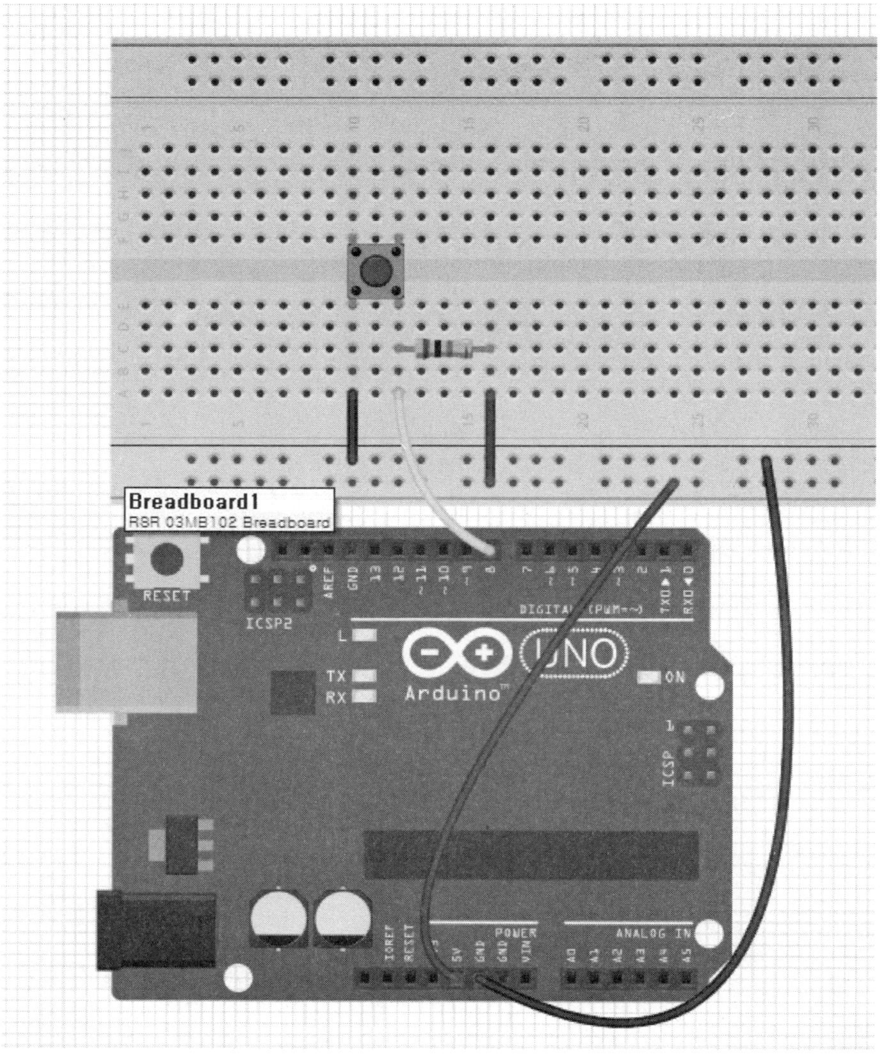

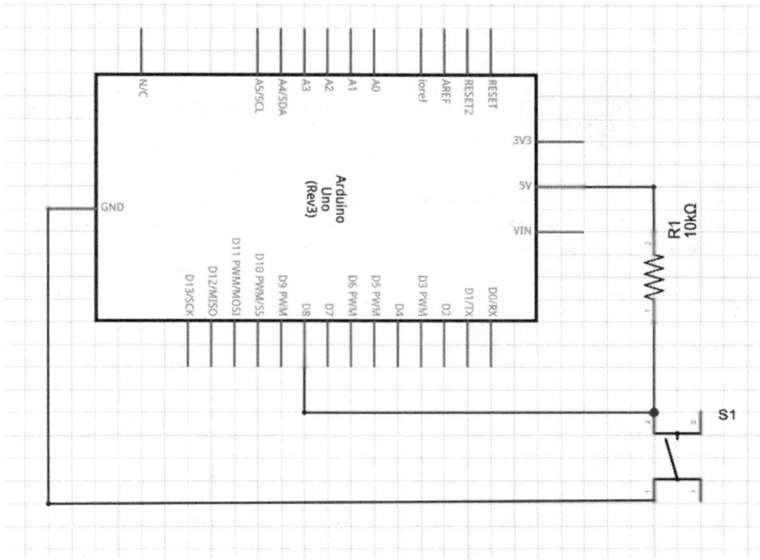

그림 4.1 스위치 입력 제어 방법

스위치를 이용하여 3장에서 실험한 LED가 동작하게 실험해보자. 실험을 위해서는 브레드보드, LED, 스위치, 저항이 필요하다.

[준비물]

- 브레드보드 1개
- 아두이노 보드 1개
- LED 1개
- 저항 330 오음 1개
- 저항 10K 오음 1개
- 푸시버튼 스위치 1개

[회로 결선도]

아두이노 보드로 푸시버튼 스위치, LED 제어를 위하여 그림 4.2와 같이 브레드보드에 LED, 푸시버튼 스위치와 저항을 연결하도록 해보자. 푸시버튼 스위치는 저항과 같이 아두이노의 8번 핀에 연결하도록 하자. 스위치를 누르면 전류가 접지로 흐르기 때문에 아두이노의 8번 포트에는 LOW(0V)가 들어온다. 스위치를 누르지 않으면 아두이노 포트가 10K 오음 저항이 5V에 연결되어 있기 때문에 HIGH 신호가 들어온다.

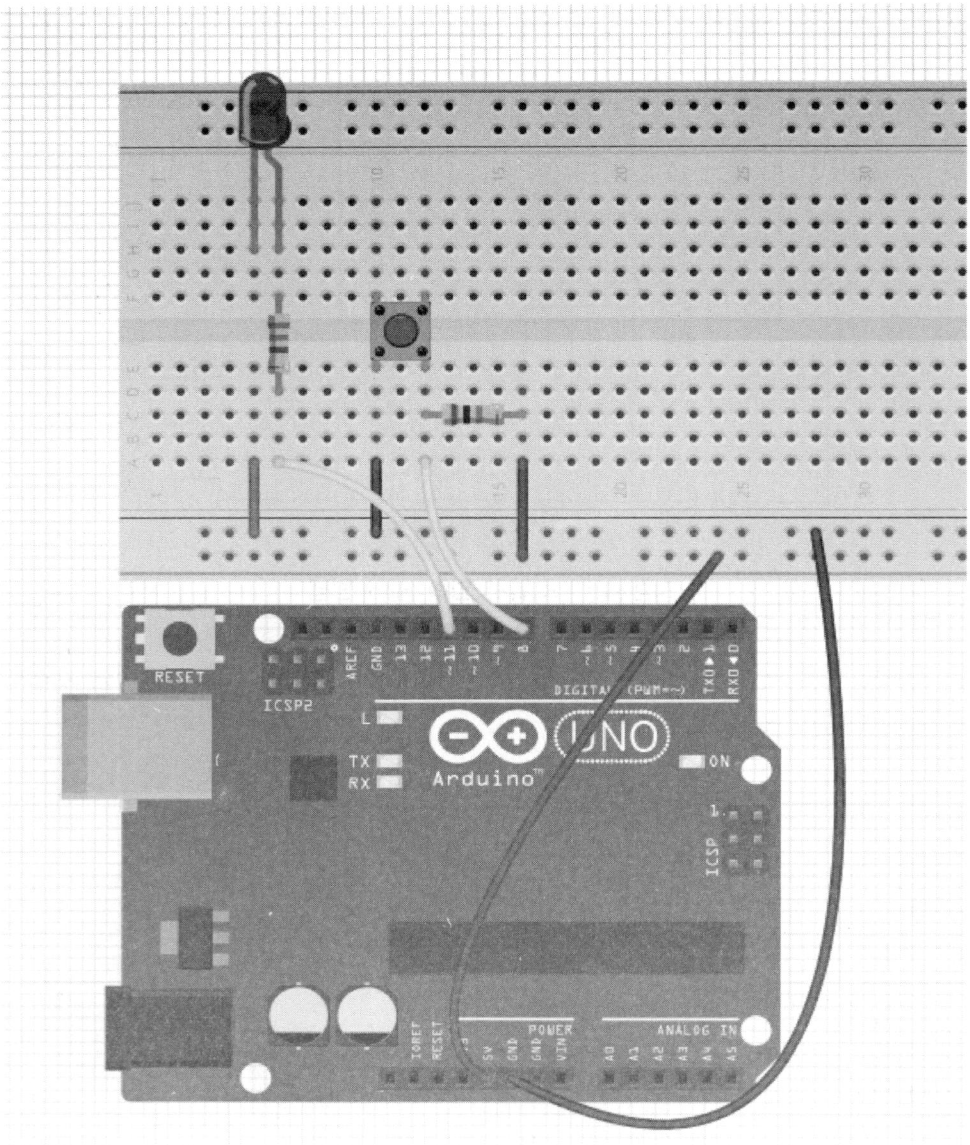

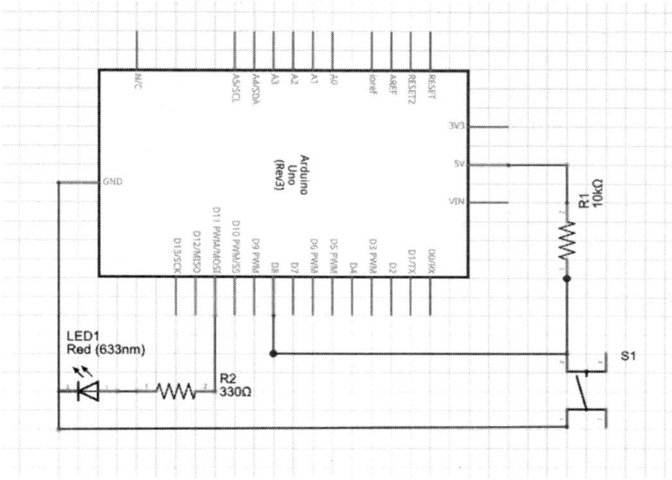

그림 4.2 스위치 구성 회로

[프로그램 실험]

아두이노 개발환경(IDE)에서 새로운 스케치를 열고 다음과 같은 코드를 작성하여 실험하여 보도록 하자. 프로그램은 스위치를 누르면 LED를 ON하고 스위치를 누르지 않으면 LED가 OFF하게 하는 프로그램이다.

```
int sw1 = 8;
int led1 = 11;

void setup()
{
  pinMode(sw1, INPUT);
  pinMode(led1, OUTPUT);
}

void loop()
{
 if( digitalRead(sw1) == LOW )
        digitalWrite(led1, HIGH);
  else
        digitalWrite(led1, LOW);

  delay(10);

}
```

[프로그램 설명]

프로그램을 업로드한 후에 동작을 확인하였으면 소프트웨어의 동작에 대해서 알아보자.

LED와 같이 스위치도 변수를 선언해야 한다. 스위치가 8번에 연결되어있으며 LED는 11번에 연결되어 있기 때문에 다음과 같이 선언하게 된다.

int sw1 = 8;
int led1 = 11;

pinMode(sw1, INPUT); //

스위치는 입력으로 설정해야 한다.

pinMode(led1, OUTPUT); //

LED는 출력으로 설정해야 한다.

- 아두이노의 디지털 입력 핀(포트)을 검사하기 위한 프로그램

```
if(digitalRead(sw1) == LOW)   //
  digitalWrite(led1, HIGH);
```

스위치가 눌리면 LED를 켜라.

```
else                          //
  digitalWrite(led1, LOW);
```

스위치가 눌리지 않으면 LED를 꺼라.

4.2 스위치로 7세그먼트 숫자 제어하기

앞에서 배웠던 스위치 입력으로 3절에서 사용했던 7세그먼트를 제어하는 실험을 수행해보자. 스위치의 누르는 동작에 따라서 7세그먼트의 숫자가 변하게 하여 보자.

본 실험을 위해서는 1개의 7세그먼트, 저항 8개, 브레드보드, 아두이노 보드, 스위치 등을 준비하도록 하자.

[준비물]

- 브레드보드 1개
- 아두이노 보드 1개
- 7세그먼트 1개
- 저항 330 오음 8개
- 저항 10K 오음 1개
- 푸시버튼 스위치 1개

[회로 결선도]

아두이노 보드에 7-segment, 저항, 푸시버튼 스위치를 그림 4.3과 같이 브레드보드에 연결하도록 해보자. 전선들이 복잡해서 회로를 잘못 구성할 수 있기 때문에 순차적으로 정확하게 연결하여 보도록 하자.

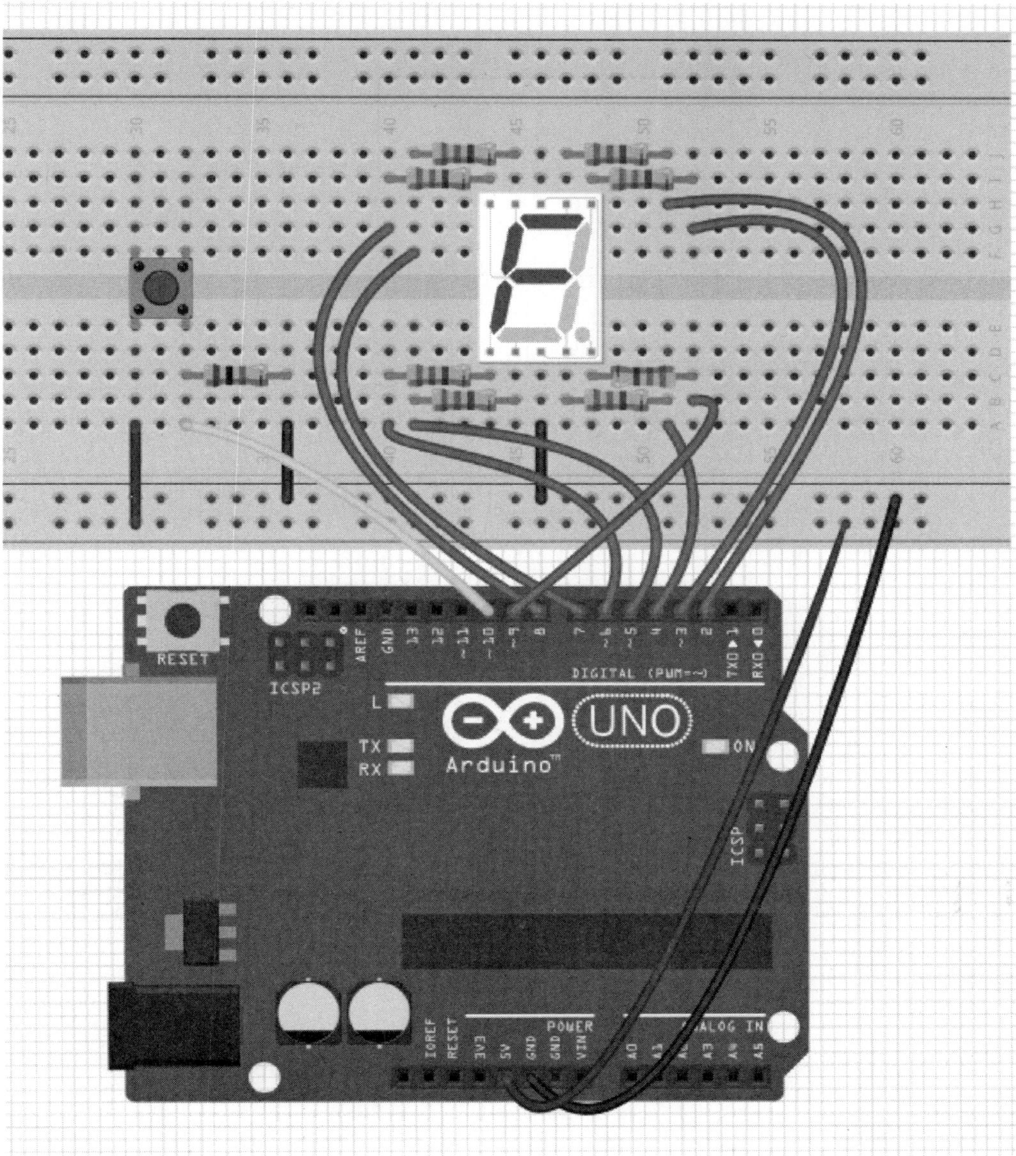

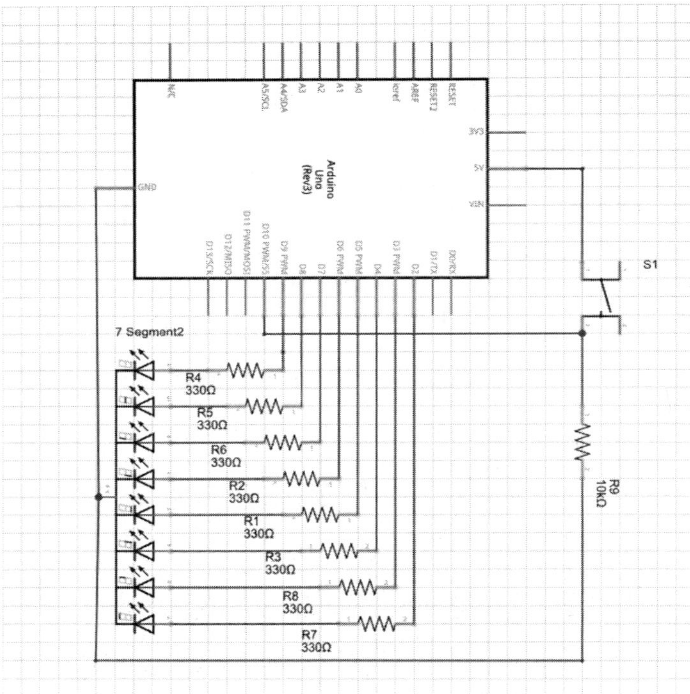

그림 4.3 스위치와 7 segment 회로 구성

[프로그램 실험]

아두이노 개발환경(IDE)에서 새로운 스케치를 열고 다음과 같은 코드를 작성하여 실험하여 보도록 하자. 다음 프로그램은 스위치를 누르면 7segment에 0에서 4까지 숫자가 카운트되게 하는 프로그램이다.

```
 int seg_a=2;
 int seg_b=3;
 int seg_c=4;
 int seg_d=5;
 int seg_e=6;
 int seg_f=7;
 int seg_g=8;
 int seg_dot=9;
 int sw1 = 10;

void setup()
{
    pinMode(seg_a,OUTPUT);
    pinMode(seg_b,OUTPUT);
    pinMode(seg_c,OUTPUT);
    pinMode(seg_d,OUTPUT);
    pinMode(seg_e,OUTPUT);
    pinMode(seg_f,OUTPUT);
    pinMode(seg_g,OUTPUT);
    pinMode(seg_dot,OUTPUT);
 };

void loop()
{
  int i;

  if( digitalRead(sw1) == HIGH )
   i++;
   if(i>=5)i=0;

  switch(i)
  {
   case 0:
    digitalWrite(seg_e,HIGH);
    digitalWrite(seg_b,HIGH);
    digitalWrite(seg_c,HIGH);
    digitalWrite(seg_d,HIGH);
    digitalWrite(seg_g,HIGH);
    digitalWrite(seg_f,HIGH);
    digitalWrite(seg_a,HIGH);
    digitalWrite(seg_dot,HIGH);
    break;
```

```
    case 1:
      digitalWrite(seg_e,LOW);
      digitalWrite(seg_b,LOW);
      digitalWrite(seg_c,LOW);
      digitalWrite(seg_d,LOW);
      digitalWrite(seg_g,HIGH);
      digitalWrite(seg_f,HIGH);
      digitalWrite(seg_a,LOW);
      digitalWrite(seg_dot,LOW);
      break;
   case 2:
      digitalWrite(seg_e,HIGH);
      digitalWrite(seg_b,LOW);
      digitalWrite(seg_c,HIGH);
      digitalWrite(seg_d,HIGH);
      digitalWrite(seg_g,LOW);
      digitalWrite(seg_f,HIGH);
      digitalWrite(seg_a,HIGH);
      digitalWrite(seg_dot,LOW);
      break;

   case 3:
      digitalWrite(seg_e,HIGH);
      digitalWrite(seg_b,LOW);
      digitalWrite(seg_c,LOW);
      digitalWrite(seg_d,HIGH);
      digitalWrite(seg_g,HIGH);
      digitalWrite(seg_f,HIGH);
      digitalWrite(seg_a,HIGH);
      digitalWrite(seg_dot,LOW);
      break;
   case 4:
      digitalWrite(seg_e,LOW);
      digitalWrite(seg_b,HIGH);
      digitalWrite(seg_c,LOW);
      digitalWrite(seg_d,LOW);
      digitalWrite(seg_g,HIGH);
      digitalWrite(seg_f,HIGH);
      digitalWrite(seg_a,HIGH);
      digitalWrite(seg_dot,LOW);
      break;
 }
    delay(1000);

}
```

[프로그램 동작]

프로그램을 컴파일한 후에 업로드를 수행한다. 그리고 스위치를 누르게 되면 7세그먼트에 순차적으로 0~4까지 숫자가 나오게 된다. 스위치 누르는 숫자에 따라서 7세그먼트에 표시하는 방법을 알아보자.

- 스위치 1번이 눌릴 때마다 0~4까지 숫자를 순차적으로 카운트 업

```
if( digitalRead(sw1) == HIGH )
i++;
if(i>=5)i=0;

delay(1000);
```

"i" 변수는 스위치가 눌릴 때마다 1씩 증가하게 된다. 만약 "i" 변수가 5보다 크면 변수 값을 "0" 으로 초기화해서 다시 시작하게 된다.

4.3 스위치로 부저 소리 제어하기

부저(Buzzer)는 소리를 발생시키기 위한 전자 부품이다. 부저도 다양한 모델이 있고 부품마다 사용하는 방법이 다르기 때문에 사용법을 확인하고 사용해야 한다. 저자는 아주 간단한 부저를 사용하여 소리를 내보도록 할 것이다. 그림 4.4는 일반적으로 제공되는 부저이며 빨간색과 검정색 선을 가지고 있다. 빨간색 선에는 + 전원을, 검정색 선에는 - 전원을 연결하게 되면 부저에 일정한 소리가 발생하게 된다.

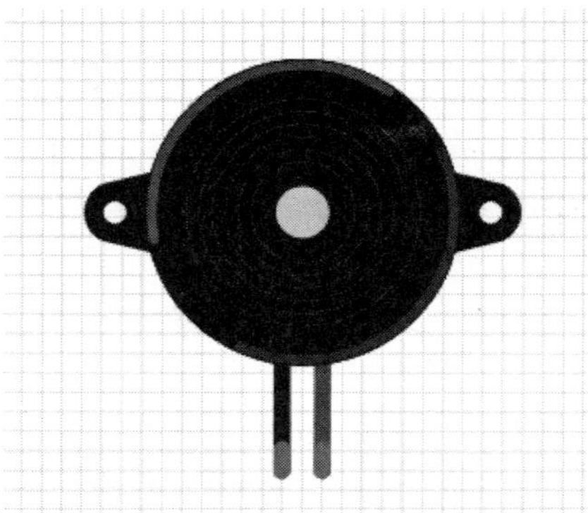

그림 4.4 부저 동작 개념

이제 부저 실험을 위하여 브레드보드, 푸시버튼 스위치, 부저(buzzer), 저항 등 재료를 준비하도록 하자.

[준비물]

- 브레드보드 1개
- 아두이노 보드 1개
- 저항 10K 오음 1개
- 푸시버튼 스위치 1개
- 부저 1개

[회로 결선도]

아두이노 보드에 부저, 푸시버튼 스위치를 그림 4.5와 같이 브레드보드에 연결하도록 해보자. 회로가 간단하기 때문에 쉽게 연결이 가능할 것이라 생각된다.

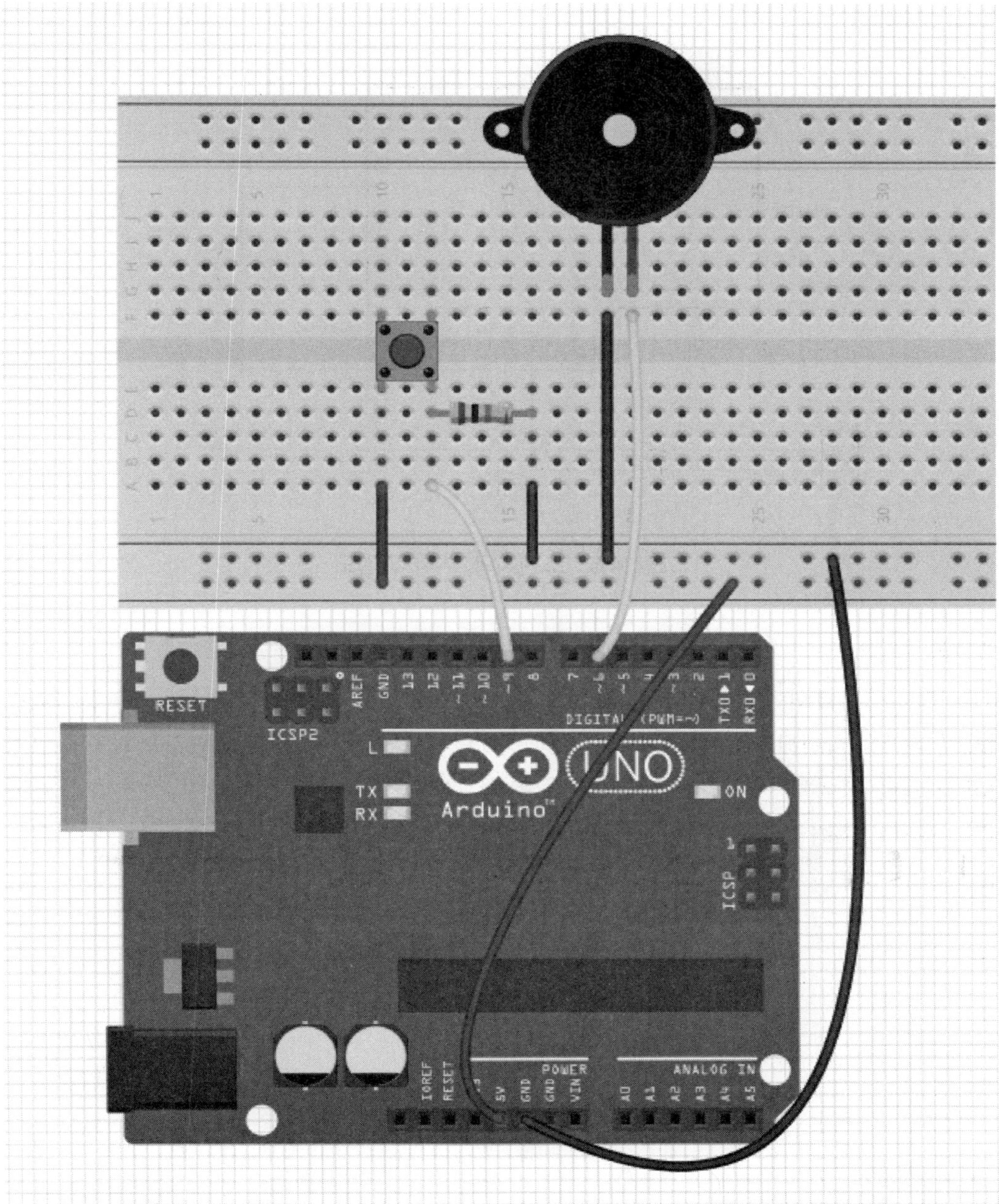

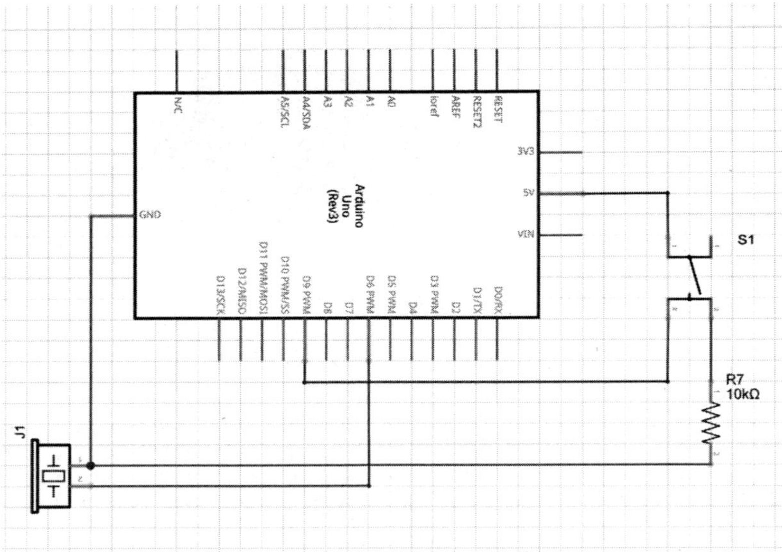

그림 4.5　스위치와 부저 연결도

[프로그램 실험]

회로 구성이 완료되었으면 다음 프로그램을 스케치에 작성한 후에 컴파일한 후에 업로드를 클릭하여 동작을 확인해보자. 아두이노 보드의 디지털 출력 6번 포트에 HIGH을 출력하면 부저가 울리고 LOW을 출력하면 부저가 울리지 않게 된다. 그러면 스위치를 이용하여 스위치가 ON되면 부저가 ON되고 스위치가 눌려 있지 않으면 부저가 OFF되도록 프로그램이 동작하는지 확인하여 보자.

```
int buzzer = 6;
int sw1   = 9

void setup()
{
  pinMode(buzzer, OUTPUT);
  pinMode(sw1, INPUT);
}

void loop()
{
 if( digitalRead(sw1) == HIGH )
    digitalWrite(buzzer, HIGH); // Buzzer on
  else
    digitalWrite(buzzer, LOW); // Buzzer off

 delay(1000);
}
```

[프로그램 동작]

- 부저와 스위치가 연결되어 있는 포트 설정

int buzzer = 6;

int sw1 = 9;

- 부저는 출력, 스위치는 입력으로 설정

pinMode(buzzer, OUTPUT);

pinMode(sw1, INPUT);

- 스위치가 눌리면 부저 ON, 스위치가 안 눌리면 부저 OFF

```
 if( digitalRead(sw1) == HIGH )
    digitalWrite(buzzer, HIGH); // Buzzer on
  else
    digitalWrite(buzzer, LOW); // Buzzer off
 delay(1000);
```

5_LCD 제어

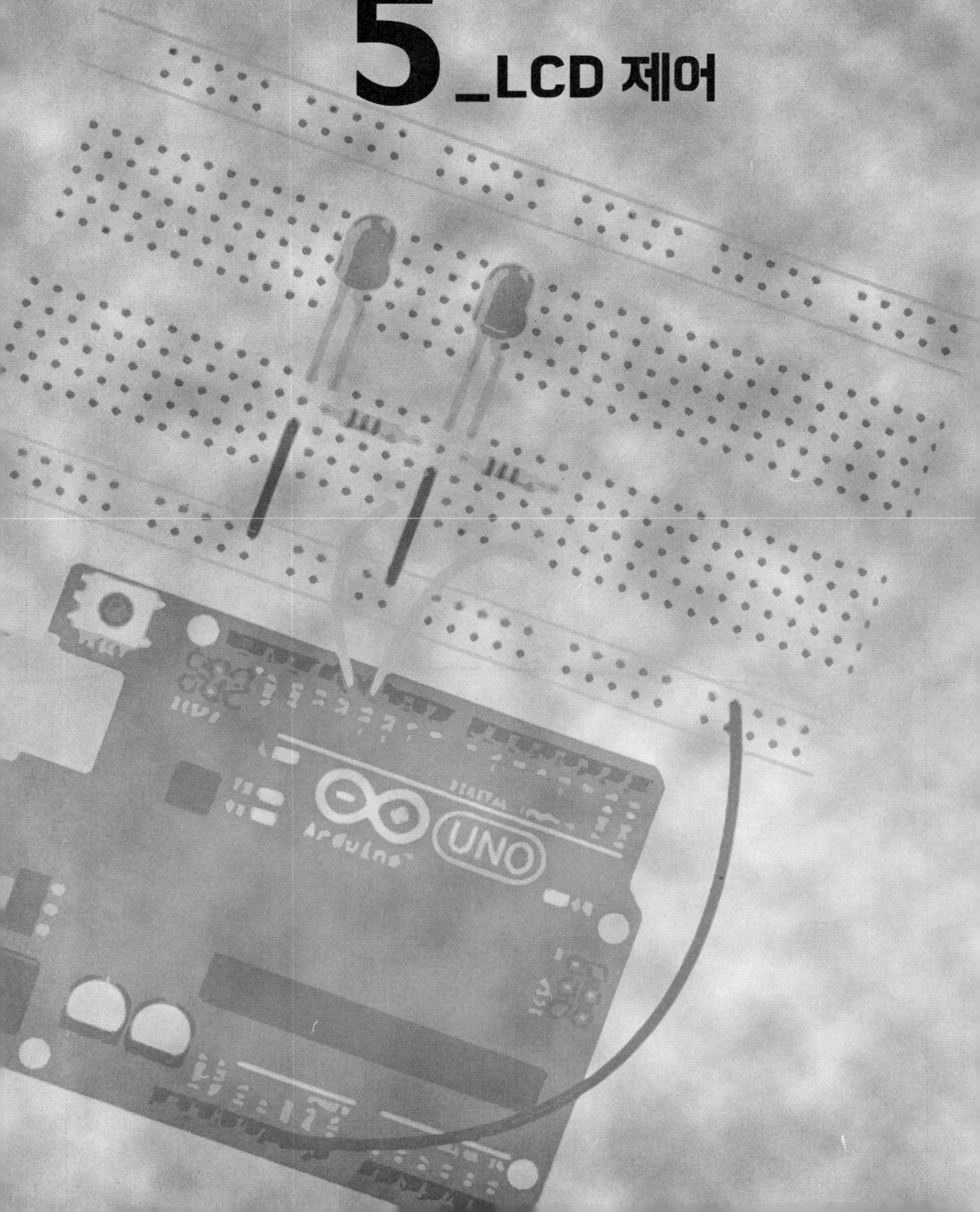

5.1 LCD란 무엇인가?

LCD는 7세그먼트처럼 숫자부터 영문자까지 표현할 수 있는 디스플레이 모듈을 말한다. LCD모듈은 총 핀 수는 14개 혹은 16개로 구성되어 있으며 그림 5.1은 일반적으로 사용하는 LCD모듈이며 각각의 핀 번호에 대해서 표 5.1에 정리하여 놓았다. 1번 핀, 2번 핀은 LCD의 구동전원을 인가하는 단자이고, 3번 단자는 LCD 표시장치의 밝기를 조절하기 위한 단자이다. 그리고 4, 5, 6번 단자는 LCD의 제어부분을 담당하는 단자이며, 나머지 7번 단자부터 14번 단자까지는 데이터의 신호들이 전달되는 단자이다. 4비트를 사용할 경우에는 11번 단자부터 14번 단자까지만 이용하게 된다. 각각의 핀에 대해서 알아보자.

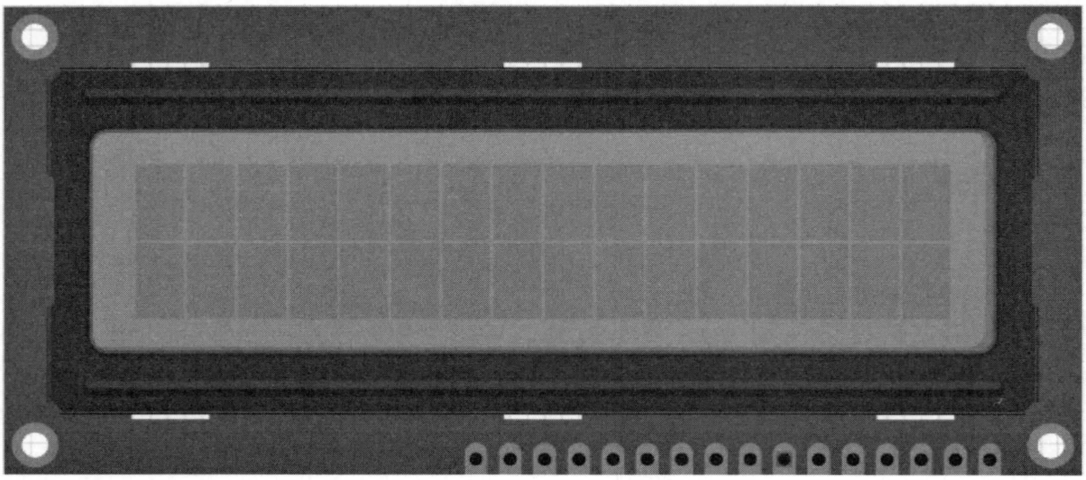

그림 5.1 LCD 모듈 외형

표 5.1 LCD 모듈 핀과 아두이노 연결

LCD핀 번호	LCD Pin	Arduino Pin
1	Vss	GND
2	VCC	5V
3	VL	Contrast (가변 저항에 연결)
4	RS (Register Select)	D12
5	R/W (Read/Write)	GND
6	Enable	D11
7	Data Bit 0	NC (연결 없음)
8	Data Bit 1	NC (연결 없음)
9	Data Bit 2	NC (연결 없음)
10	Data Bit 3	NC (연결 없음)
11	Data Bit 4	D5
12	Data Bit 5	D4
13	Data Bit 6	D3
14	Data Bit 7	D2

◑ RS (Register Select : 4번 핀) : LCD의 제어명령/데이터 입력제어신호를 설정한다.
- '0' 이면 인스트럭션 입력 설정 (IR 선택) - '1' 이면 데이터 입력 설정 (DR 선택)

◑ R/$\overline{W}$ (Read/$\overline{Write}$: 5번 핀) : 데이터 혹은 명령을 읽기/쓰기 할 때 사용한다.
- '0' 이면 쓰기 동작 - '1' 이면 읽기 동작

◑ E (Enable : 6번 핀) : LCD을 동작하게 하는 단자
- '0' 이면 LCD가 동작하지 않는다. - '1' 이면 LCD가 동작한다.

◑ D0～D7 (Data bus : 7번～14번 핀) : 데이터버스이다.
(만약, 4비트로 사용할 경우에는 D4～D7만 이용)

◑ VSS (1번 핀) : LCD의 전원을 인가하는 단자로, 0V(GND)에 연결한다.

◑ VDD (2번 핀) : LCD의 전원을 인가하는 단자로, +5V 단자에 연결한다.

◑ VL (3번 핀) : LCD의 밝기를 조절하는 단자로, 10KΩ의 가변 저항에 연결한다.

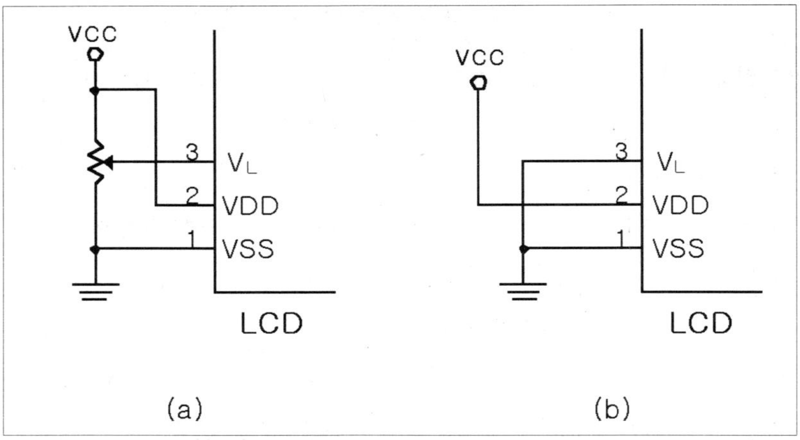

그림 5.2 LCD의 VL의 접속법

5.2 LCD 제어

LCD에 글자를 표시하는 실험을 수행하여 보자. 아두이노에는 LCD 모듈에 글자를 쉽게 표시할 수 있는 프로그램들이 내장되어 있다. LCD 실험을 위하여 다음과 같이 부품들을 준비하여 회로를 구성해보자.

[준비물]

- 브레드보드 1개
- 아두이노 보드 1개
- 16×2 LCD 1개
- 가변 저항(10K오음) 1개

[회로 결선도]

LCD에 글자를 표시하기 위한 실험을 수행하기 위하여 그림 5.3과 같이 회로를 구성하여 보도록 하자. 4비트 제어방식이기 때문에 데이터 라인(D4, D5, D6, D7)과 제어선 선들을 아두이노 핀에 연결하면 된다.

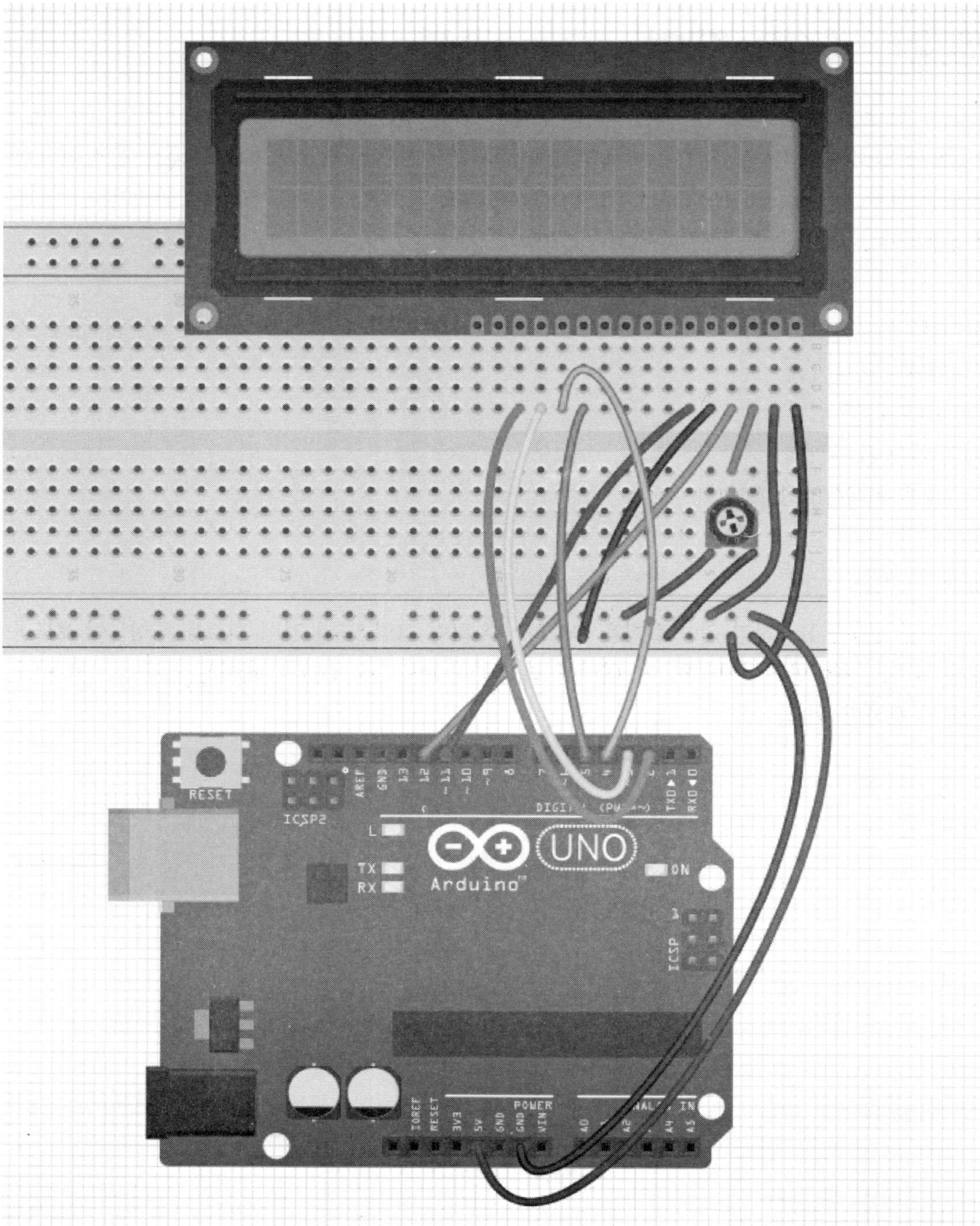

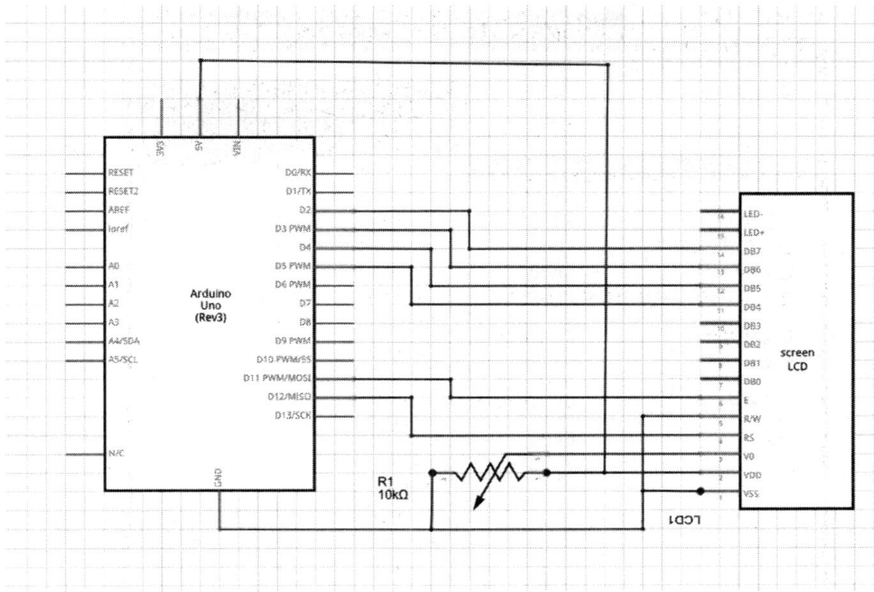

그림 5.3 4비트 LCD 구성도

회로가 복잡하므로 연결하는 순서는 다음과 같이 구성하도록 하자.

1) LCD의 Vss ---- 아두이노의 GND에 연결.
2) Vcc핀은 ---- 아두이노 보드의 +5V 단자에 연결.
3) LCD의 VL 핀을 10K옴 가변저항의 가운데 핀에 연결.
 가변저항은 극성이 없기 때문에 왼쪽 다리를 +5V에, 오른쪽을 GND에 연결.
 가변저항을 조절해서 LCD 밝기 조절.
4) LCD의 RS(Register Select) 핀 --- 아두이노의 디지털 출력 12번 핀에 연결.
5) R/W 핀 --- LCD에 쓰기만 하기에 GND에 연결.
6) LCD의 E(Enable) --- 아두이노 디지털 11번에 연결.
7) LCD의 7에서 10핀은 데이터DB0~DB3번 핀으로 4비트 제어할 경우에 사용하지 않음.
8) LCD의 DB4-DB7 핀을 아두이노 보드의 디지털 출력 핀 D5-D2까지 순서에 맞게 연결.

[프로그램 실험]

아두이노 개발환경(IDE)에서 새로운 스케치를 열고 다음과 같이 내장된 예제를 불러 오도록 하자. 다음 프로그램은 16*2라인의 LCD에 hello world를 출력하는 프로그램이다.

그림 5.4 스케치에서 4비트 제어 예제 불러오기

```
LiquidCrystal Library - Hello World

 Demonstrates the use a 16x2 LCD display.  The LiquidCrystal
 library works with all LCD displays that are compatible with the
 Hitachi HD44780 driver. There are many of them out there, and you
 can usually tell them by the 16-pin interface.

 This sketch prints "Hello World!" to the LCD
 and shows the time.

  The circuit:
 * LCD RS pin to digital pin 12
 * LCD Enable pin to digital pin 11
 * LCD D4 pin to digital pin 5
 * LCD D5 pin to digital pin 4
 * LCD D6 pin to digital pin 3
 * LCD D7 pin to digital pin 2
 * LCD R/W pin to ground
 * LCD VSS pin to ground
 * LCD VCC pin to 5V
 * 10K resistor:
 * ends to +5V and ground
 * wiper to LCD VO pin (pin 3)
 */

// include the library code:
#include <LiquidCrystal.h>

// initialize the library with the numbers of the interface pins
LiquidCrystal lcd(12, 11, 5, 4, 3, 2);

void setup() {
  // set up the LCD's number of columns and rows:
  lcd.begin(16, 2);
  // Print a message to the LCD.
  lcd.print("hello, world!");
}

void loop() {
  // set the cursor to column 0, line 1
  // (note: line 1 is the second row, since counting begins with 0):
  lcd.setCursor(0, 1);
  // print the number of seconds since reset:
  lcd.print(millis() / 1000);
}
```

불러온 예제 프로그램을 다음과 같이 수정하여 16*2라인의 LCD에 (0,0) 좌표에 hello world를, (0,1) 좌표에는 Roboino KNO R3의 글자를 출력하는 프로그램으로 수정하여 보자.

```
//include the library code;
#include <LiquidCrystal.h>

//initialize the library with the numbers of the interface pins
LiquidCrystal lcd(12, 11, 5, 4, 3, 2,);

void setup()
{
 // set up the LCD's number of columns and rows;
 lcd.begin(16, 2);
}

void loop()
{
 lcd.setCursor(0, 0);

// Print a message to the LCD.
lcd.print("hello, world!");

// set the cursor to column 0, line 1
// (note: line 1 is the second row, since counting begins with 0):
lcd.setCursor(0, 1);
lcd.print("Roboino KNO R3");

delay(1000);
}
```

[프로그램 설명] - 순차적으로 프로그램에 대해서 알아보자.

- 아두이노에 내장된 LCD 라이브러리를 사용하기 위해 헤더 파일 추가

#include 〈LiquidCrystal.h〉

- LCD 초기화 과정(괄호안의 번호는 LCD를 매핑된 아두이노의 핀 번호를 적어준다.)

LiquidCrystal lcd(RS, Enable, DB0, DB1, DB3, DB4)

LiquidCrystal lcd(12, 11, 5, 4, 3, 2);

- 아두이노 라이브러리 2행 8열을 사용하겠다는 초기화 과정이다.

lcd.begin(16, 2);

아두이노의 LCD 라이브러리는 원래 16문자 2줄을 나타내는 LCD(1602 LCD)를 위해서 만들어졌기 때문에 LCD 초기화 방법을 다르게 하였다.

- LCD에 표시할 좌표를 (x, y)에 0,0을 지정하고 "hello, world!" 을 출력한다.

lcd.setCursor(0, 0);

lcd.print("hello, world!");

- LCD에 표시할 좌표를 (x, y)에 0,1을 지정하고 "Roboino KNO R3" 을 출력한다.

lcd.setCursor(0, 1);

lcd.print("Roboino KNO R3");

※ 참고 : 내장되어 있는 아두이노 LCD 라이브러리의 함수.

Function	Description
begin (int column, int row)	LCD 화면의 열, 행의 개수를 지정
clear()	LCD 화면을 클리어 한다.
home()	문자 표시위치를 왼쪽 상단으로 지정
setCursor (int column, int row)	문자 표시위치를 열과 행으로 지정
write()	현재 커서 위치에 한 문자를 표시
print()	현재 커서 위치에 문자열을 표시
cursor()	현재 커서 위치에 커서('_') 모양 표시
noCursor()	커서 문자를 숨긴다.
blink()	커서 모양이 깜박이도록 한다.
noBlink()	커서 Blinking Disable
display()	LCD Display on
noDisplay()	LCD Display off
scrollDisplayLeft()	왼쪽으로 한 문자 스크롤
scrollDisplayRight()	오른쪽으로 한 문자 스크롤
autoScroll()	문자가 LCD 디스플레이 범위를 넘으면 왼쪽에서 오른쪽으로 자동 스크롤
noAutoScroll()	문자가 LCD 디스플레이 범위를 넘어도 자동으로 스크롤하지 않음
letfToRight()	문자 표시 방향을 왼쪽에서 오른쪽으로 표시
rightToLeft()	문자 표시 방향을 오른쪽에서 왼쪽으로 표시

6_시리얼 통신 (직렬통신)

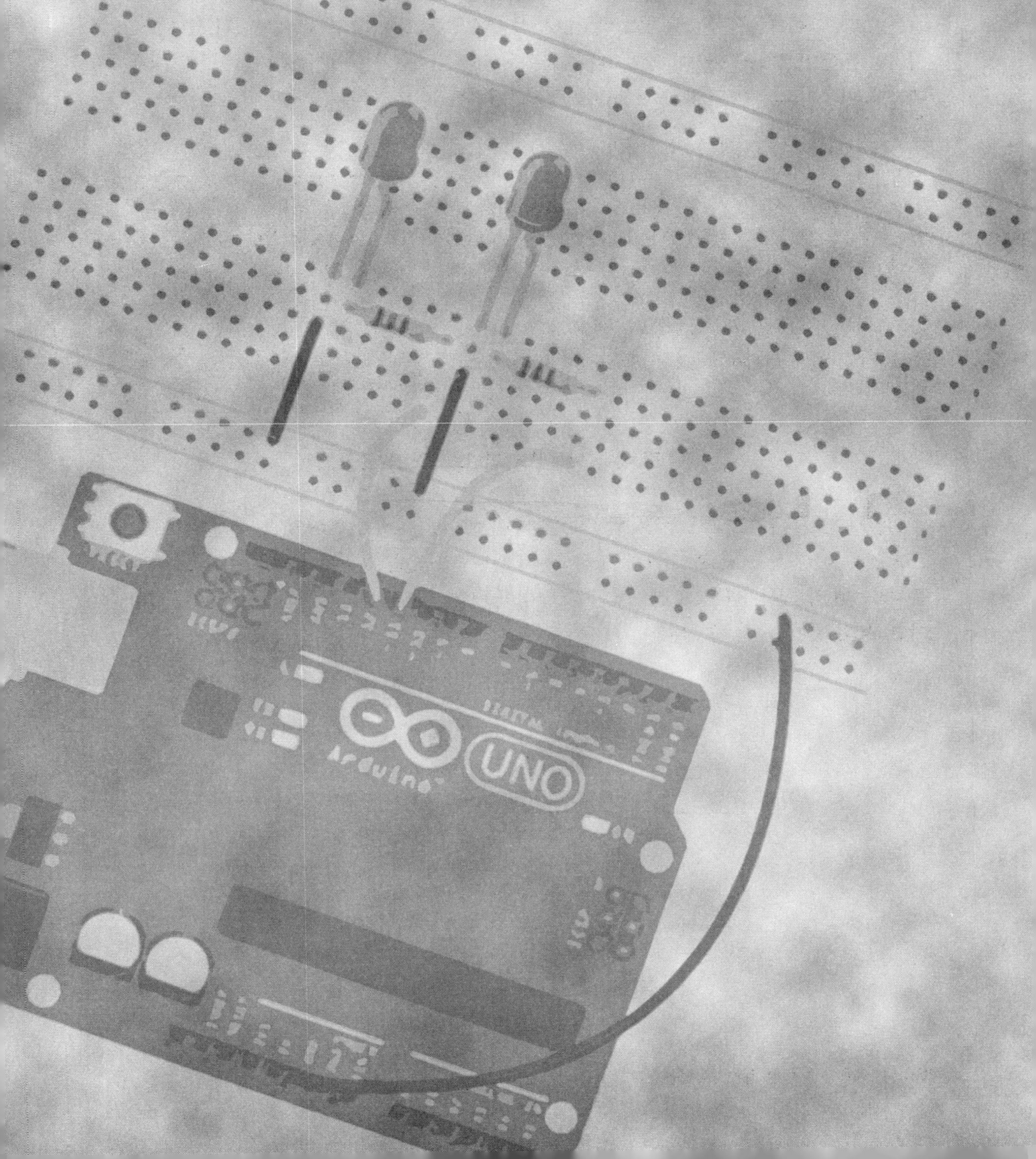

6.1 시리얼 통신이란?

시리얼 통신은 시스템과 시스템사이에 데이터를 전송하기 위한 방식 중 한가지로 오래전부터 사용해온 방식인데, 3개의 전선을 통해서 데이터를 주고받는 통신 방식을 말한다. 데이터를 수신하는 RXD, 데이터를 송신하는 TXD와 시스템사이에 공통 접지(GND)로 이루어져 있다. PC에는 시리얼 통신 포트가 내장되어 있었으나 최근에는 USB 단자를 사용해서 시리얼 통신을 수행하기 때문에 아두이노와 PC간에 통신할 때는 USB 케이블을 연결하게 된다.

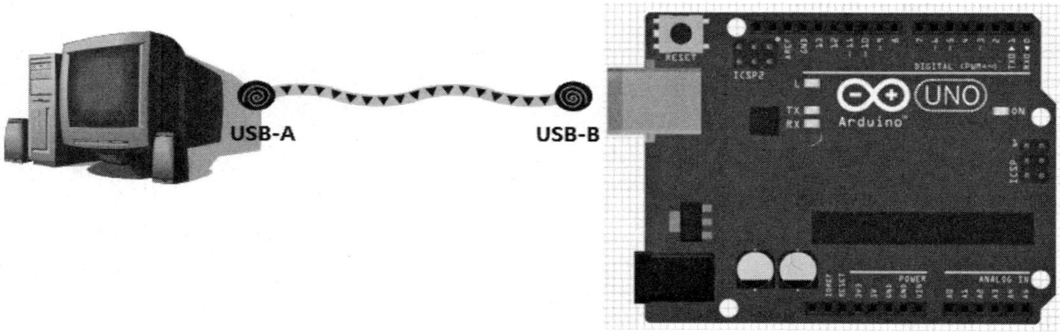

그림 6.1 아두이노 메인보드와 PC통신

일반적으로 아두이노 보드는 PC의 USB 포트에 연결할 수 있게 되어 있으며 아두이노 보드에 USB 전용 IC (가상 COM 포트 기능)을 내장하여 사용하고 있다. 시중에 다양한 아두이노 보드들이 존재하는데 각 회사마다 USB 전용 IC가 다르기 때문에 그에 맞는 USB 장치 드라이버를 설치하여야만 PC와 통신을 할 수 있다.

6.2 PC와 아두이노의 통신 제어

PC와 아두이노간의 시리얼 통신을 위해서 USB 케이블을 서로 연결하여 데이터 송수신을 수행하게 된다. 이때 PC에는 터미널 프로그램을 사용하게 되는데 아두이노 IDE 프로그램에는 터미널 프로그램이 내장되어 있기 때문에 간편하게 사용이 가능하다. 아두이노 IDE에서 오른쪽 상단의 "시리얼 모니터" 를 클릭하면 그림 6.3과 같이 모니터 프로그램이 실행된다.

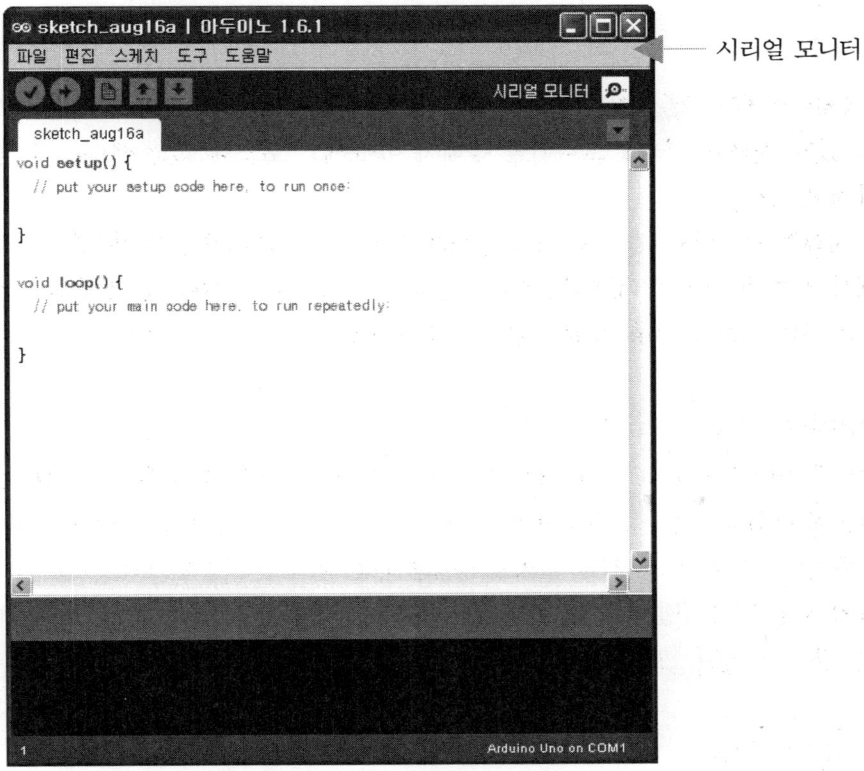

그림 6.2 터미널 프로그램 실행(시리얼 모니터)

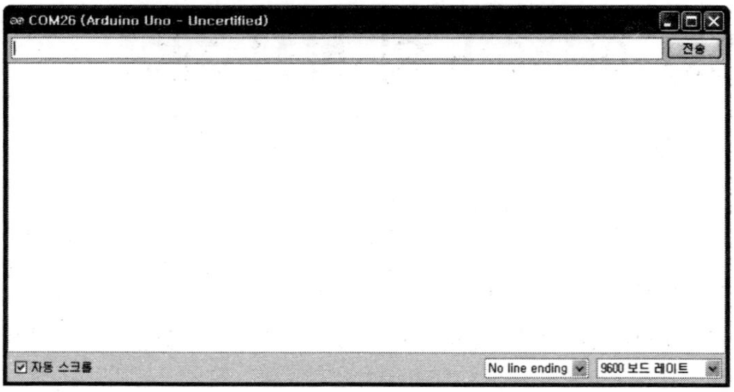

그림 6.3 시리얼 모니터

USB 케이블 연결은 아두이노에 프로그램을 업로드하는 용도뿐만 아니라 시리얼 통신도 사용할 수 있기 때문에 시리얼 모니터를 통해서 아두이노 보드와 PC간에 통신을 할 수 있는 특징을 가지고 있다.

시리얼 모니터에서는 아두이노 보드에서 PC쪽으로 올라오는 데이터를 확인할 수 있으며 PC쪽에서 아두이노쪽으로 데이터를 내려 보내는 기능을 할 수 있다. 우선 통신이 잘 되는지 확인하기 위한 기본 프로그램을 업로드해서 확인해보자.

[하드웨어 연결 및 확인]

아두이노 보드와 PC간에 USB 케이블로 연결한 후에 "장치관리자" 에서 COM포트가 인식이 되는지 확인하고 인식된 포트번호를 아두이노 IDE 프로그램에서 하드웨어 연결은 필요하지 않다. 아두이노 보드와 PC를 USB 장치로 연결한 다음 장치 관리자에 가장 COM 포트가 제대로 올라왔다면 이상 없이 연결이 된 것이다. 포트가 확인되면 "도구" → "포트" 에서 해당 포트를 선택하면 된다. 작성된 프로그램을 컴파일한 후에 업로딩을 수행하여 확인하면 된다.

[프로그램 작성]

프로그램을 컴파일하고 프로그램 업로드를 수행한 후에 아두이노 개발환경의 모니터 프로그램을 실행한 후에 "Roboino KNO 3D" 를 쓰고 "Send" 버튼을 입력하여 보자. 이때 꼭 "9600 baud" 를 선택한 후에 사용해야 한다. 이렇게 하면 PC에서 보낸 데이터를 아두이노 보드에서 받고 다시 아두이노 보드가 PC쪽에 올려 보내어 시리얼 모니터에 표시되게 된다.

```
void setup()
{
 Serial.begin(9600);
}

void loop()
{
 char rx_data;

 if (Serial.available())
 {
  rx_data = Serial.read();
  Serial.print(rx_data);
 }

 delay(100);
}
```

void setup()

{

Serial.begin(9600);

}

setup() 함수에서 Serial.begin() 함수를 호출하며 본 함수는 시리얼 통신을 할 수 있게 초기화하는 아두이노 내장 함수이다. 9600 숫자는 통신 속도를 9600bps(bit per seconds)로 설정하는 것을 의미한다. 통신 속도는 115200bps까지 다양하게 설정할 수 있으며 송신 쪽 속도와 수신 쪽 속도가 같도록 설정하여 사용해야한다. 그림 6.3 시리얼 모니터화면에서 오른쪽 하단에 속도 조절 함수들이 있으니 참고하기 바란다.

Serial.available();

본 함수는 시리얼 데이터를 수신하게 되면 수신된 시리얼 데이터의 개수를 반환하는 역할을 한다. 즉, 함수의 반환 값이 "0" 보다 크다.

Serial.read();

수신된 시리얼 데이터(1바이트)을 받아오는 역할을 한다. 스케치에서 rx_data = Serial.read()라고 작성을 하면 수신된 시리얼 데이터 1바이트를 rx_data 변수에 저장하라는 의미이다.

Serial.Print(read_data);

이 함수는 rx_data라는 byte 데이터를 시리얼로 전송(TX)하는 함수이다.

6.3 시리얼 통신으로 PC에서 LED 제어

PC에서 시리얼 통신으로 아두이노 보드에 데이터를 전송해서 아두이노 보드에 연결되어 있는 두 개의 LED를 제어하는 프로그램을 실험하여 보자.

'0' 을 전송하면 LED1을 ON 시키고 "1" 을 전송하면 LED1을 OFF
'2' 를 전송하면 LED2를 ON 시키고 "3" 을 전송하면 LED2를 OFF

한다. 본 실험을 수행하기위해 브레드보드, 아두이노 보드, LED, 저항 등의 준비물을 준비하자.

[준비물]

- 브레드보드 1개
- 아두이노 보드 1개
- 5파이 RED LED 2개
- 저항(220오음) 2개

[하드웨어 연결]

LED제어 배선도는 앞에서 실험했던 LED 회로도와 같고 간단하기 때문에 쉽게 연결이 가능할 것이라 생각된다. 그림 6.6을 참조하여 브레드보드에 저항과 LED들을 연결한다.

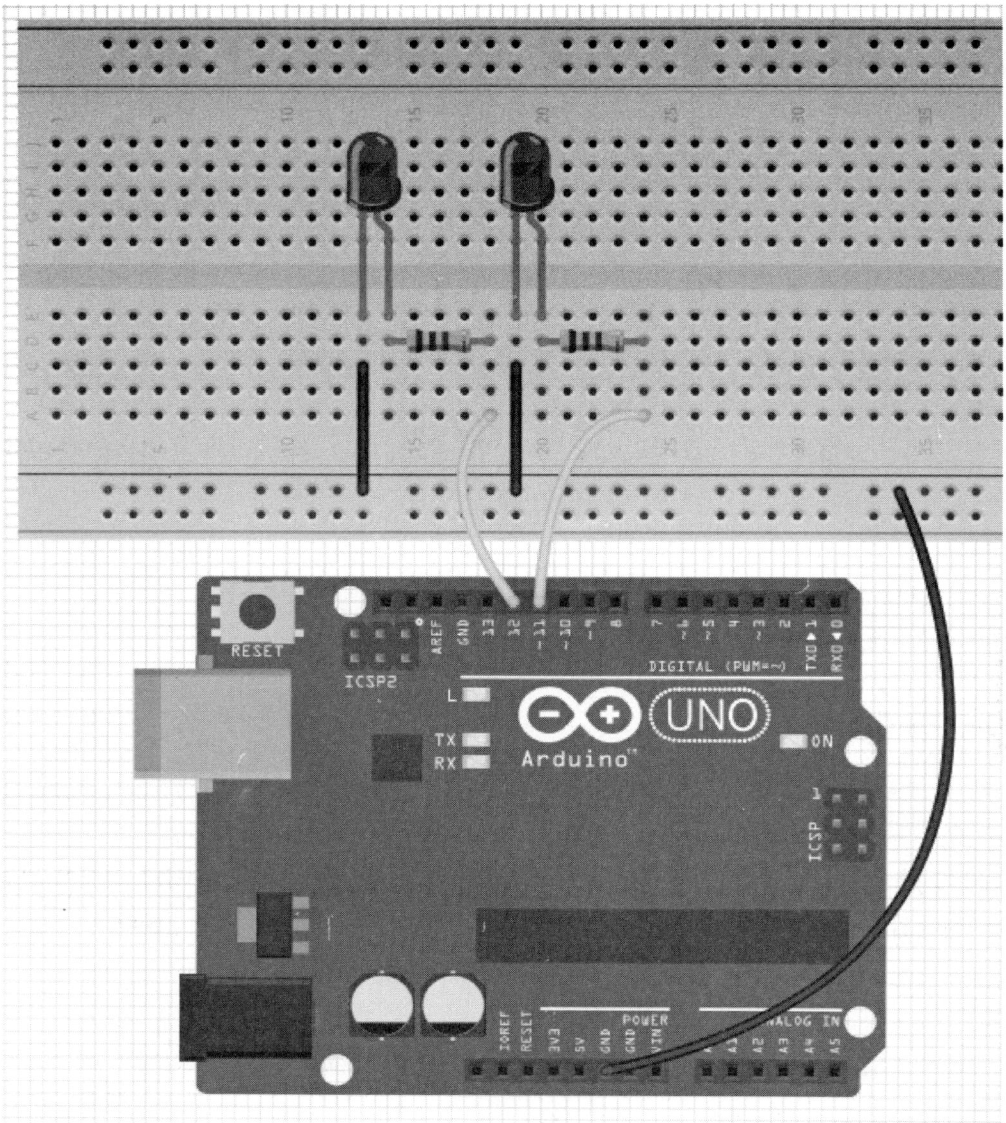
RESET
ICSP2
AREF
GND
13
12
~11
~10
~9
8
7
~6
~5
4
~3
2
TX▶1
RX◀0
DIGITAL (PWM=~)
L
TX
RX
UNO
Arduino
ON
ICSP
IOREF
RESET
3V3
5V
GND
GND
VIN
POWER
A1
A2
A3
A4
A5

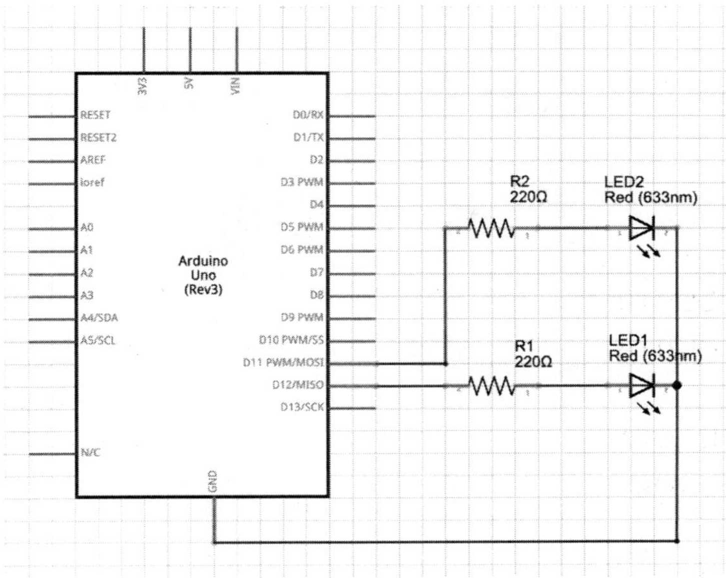

그림 6.6 시리얼 실험을 위한 LED

[프로그램 작성]

새로운 스케치 프로그램을 열고 다음과 같이 프로그램을 작성하고 컴파일을 수행한 후에 업로드하여 프로그램의 동작을 실험해보자. 업로드가 완료된 후에 시리얼 모니터 프로그램을 열고 0, 1, 2, 3의 데이터 값을 전송해서 LED의 동작을 확인해보자.

```
int led1 = 11;
int led2 = 12;



void setup()
{
 pinMode(led1, OUTPUT);
 pinMode(led2, OUTPUT);

 digitalWrite(led1, LOW);
 digitalWrite(led2, LOW);

 Serial.begin(9600);
}

void loop()
{
 char read_data;

 if (Serial.available())
 {
  rx_data = Serial.read();

  switch(rx_data) {

   case '0' :
       digitalWrite(led1, HIGH);
       break;
```

```
   case '1' :
      digitalWrite(led1, LOW);
      break;

    case '2' :
      digitalWrite(led2, HIGH);
      break;

   case '3' :


      digitalWrite(led2, LOW);
      break;
    default: break;
    } // end of switch()
  } // end of if(Serial.available())
} // end of loop()
```

[프로그램 설명]

switch()~case 문을 사용하였으며 아두이노 보드가 0, 1, 2, 3의 데이터 값을 수신하면 해당하는 쪽으로 가서 동작을 수행하게 된다.

```
switch(rx_data){

   case '0':
      digitalWrite(led1, HIGH);      // LED 1을 ON 한다.
      break;
   case '1':
      digitalWrite(led1, LOW);       // LED 1을 OFF 한다.
      break;
   case '2':
      digitalWrite(led2, HIGH);      // LED 1을 ON 한다.
      break;
   case '3':
```

```
        digitalWrite(led2, HIGH);     // LED 1을 ON 한다.
        break;
    default: break;
}
```

switch()~case 문을 이용하여 두 가지 이상의 조건에 따라서 동작할 수 있게 한다. rx_data 값이 '0' 이면 led 1번을 ON하고 '1' 이면 led 1을 OFF하고 '2' 이면 led 2를 ON하고 '3' 이면 led 2를 OFF하도록 동작한다.

7 _펄스(PWM) 출력 제어

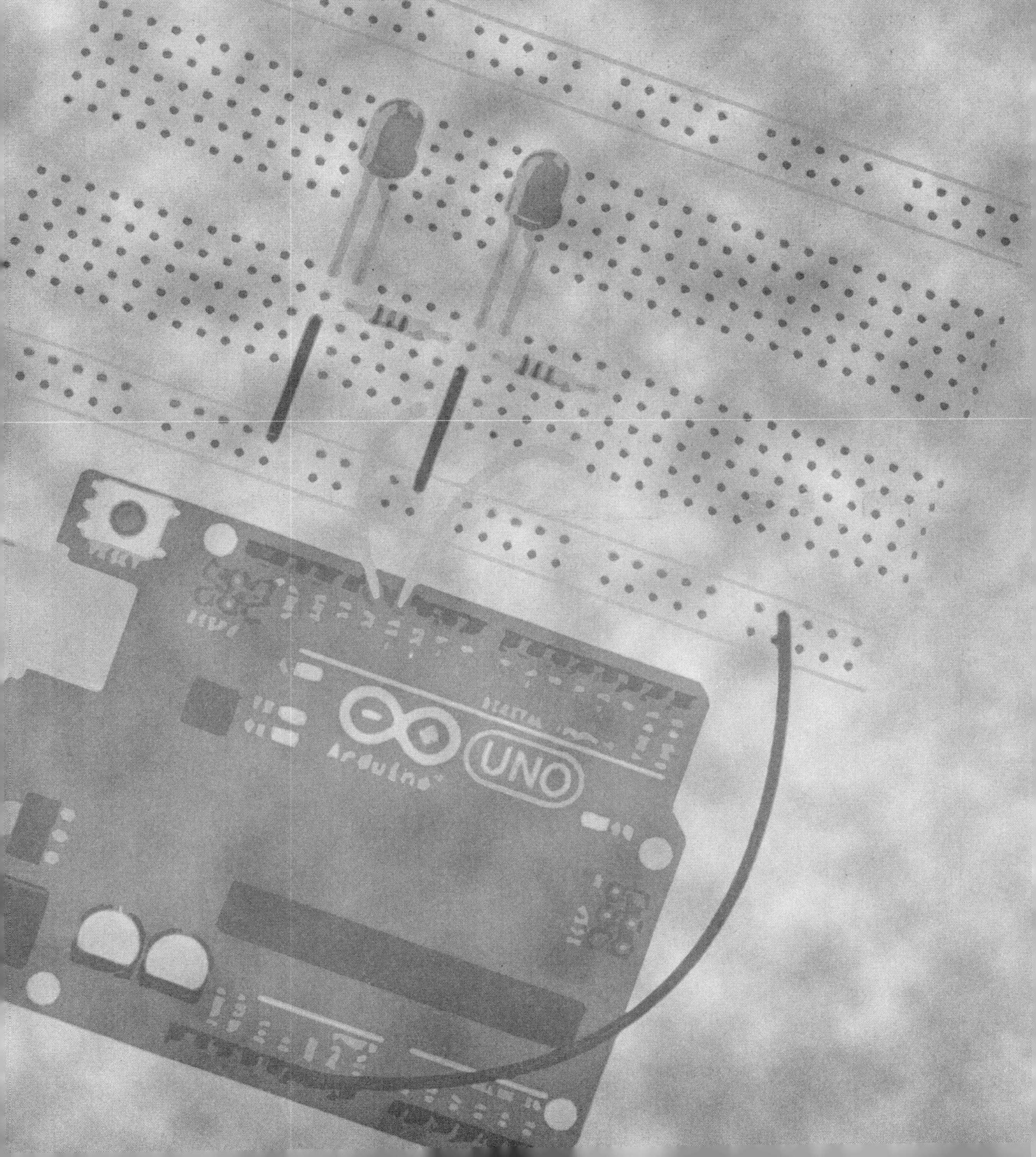

7.1 펄스(PWM)란?

PWM(Pulse Width Modulation)이란 펄스의 폭을 조절할 수 있는 기능을 의미한다. 일반적으로 아두이노 포트들은 디지털 신호가 출력되는데 디지털 신호의 펄스폭을 어느 비율에 맞추어서 출력하여 디지털 신호를 아날로그 신호처럼 출력되게 할 수 있다. 그림 7.1은 디지털 펄스에서 주기는 같고 H신호와 L신호의 비율을 조절해서 출력되는 신호를 보여주고 있으며, 이런 신호를 이용하여 LED의 밝기를 조정하거나 모터의 속도를 조절해서 움직일 수 있게 된다.

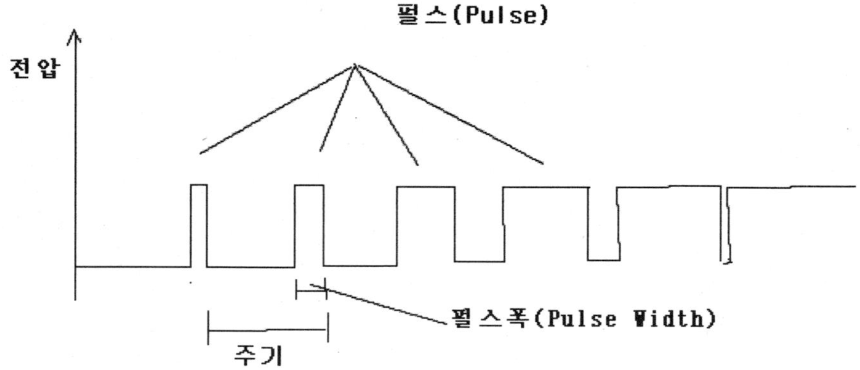

그림 7.1 PWM 신호 개념

그림 7.2 PWM 지정 포트

PWM은 주로 %로 구분하며, 그림 7.3과 같이 0%, 25%, 50%, 75%, 100%의 펄스폭을 출력할 수 있게 되어 있다. 아두이노는 analogWrite(값) 함수를 이용하여 해당하는 % 값을 넣어서 PWM 신호를 출력하게 된다. PWM 신호가 출력되는 핀들은 미리 지정되어 있기 때문에 모든 핀에서 출력되는 것은 아니다. 아두이노 보드에는 각각의 핀 앞에 ~모양이 있는 핀(D3, D5, D6, D9, D10, D11)을 통해서 PWM 신호가 출력되기 때문에 지정된 핀만 사용해야만 한다. 그 외의 핀들은 PWM 신호가 출력되지는 않는다.

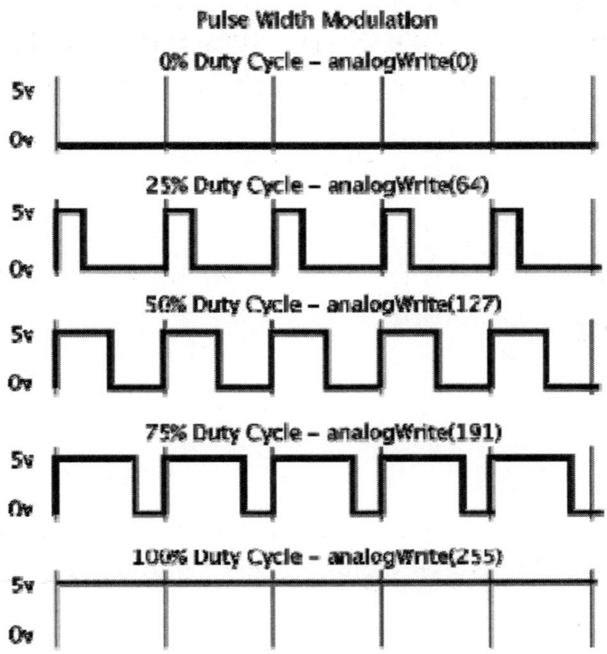

그림 7.3 PWM 펄스의 신호

7.2 펄스(PWM)로 LED 밝기 조절하기

이제 PWM 신호를 출력하여 LED의 밝기를 조절하는 실험을 수행하여 보자. 앞에서 살펴 본 것 같이 아두이노 보드에서는 ~D3, ~D5, ~D6, ~D9, ~D10, ~D11번 핀에 PWM 신호가 출력되며 analogWrite() 함수를 이용하여 제어할 수 있다. PWM 신호를 출력하기 위해서는 analogWrite (0~255)와 같이 내부에 인자를 0~100 값 중에 원하는 값을 넣어서 PWM 신호를 출력하면 된다. PWM 신호가 출력되는 포트에 LED를 연결하여 LED의 밝기를 조절하도록 해보자.

이제 실험을 위하여 다음과 같은 준비물들을 이용하여 회로를 만들어 보자.

[준비물]

- 브레드보드 1개
- 아두이노 보드 1개
- 5파이 RED LED 1개
- 저항(330오음) 1개

[회로 결선도]

준비된 부품들을 이용하여 그림 7.4와 같이 브레드보드에 회로를 구성하여 보자. LED만 연결하는 것이기 때문에 쉽게 구성이 가능할 것이다.

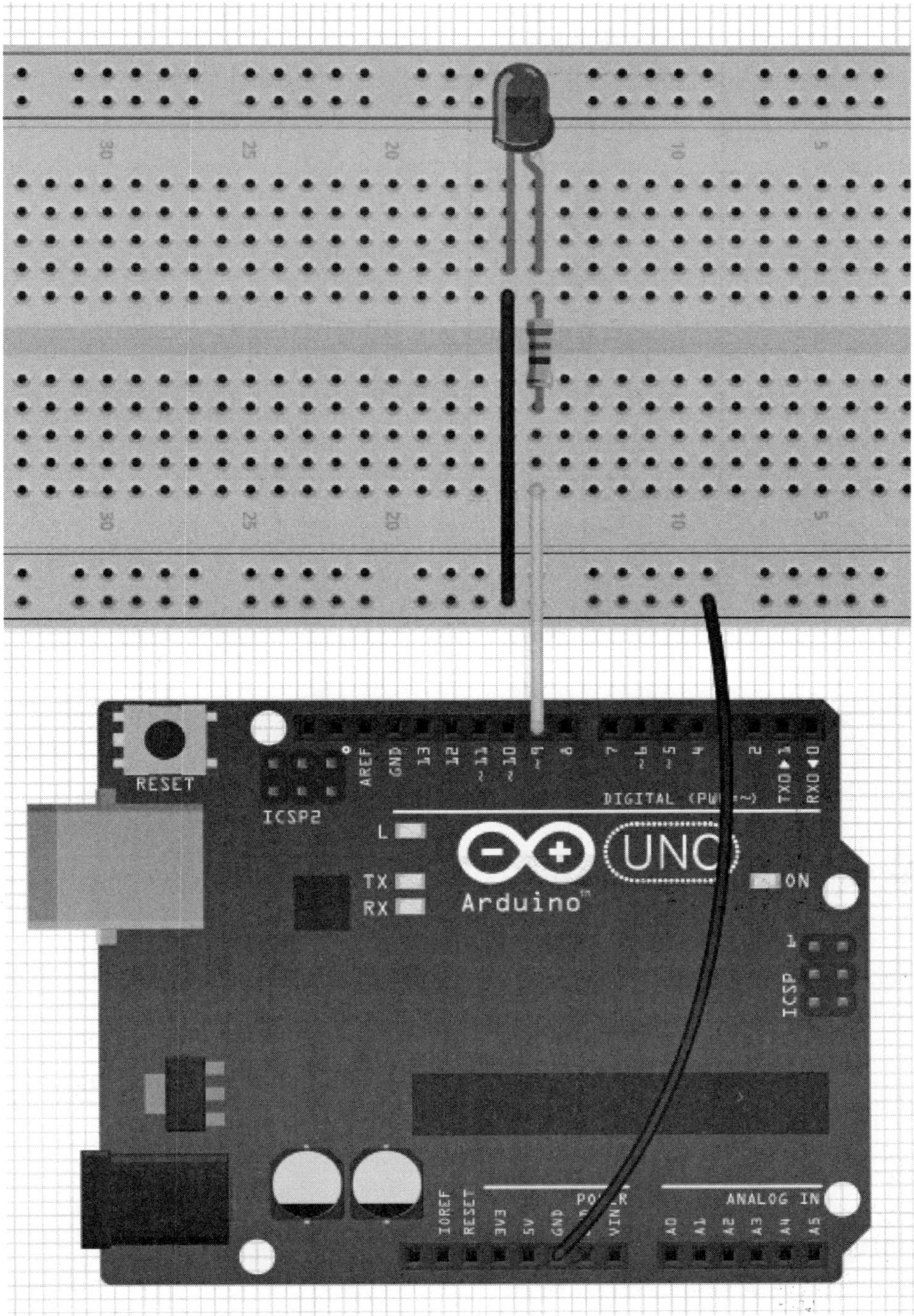
RESET
ICSP2
AREF
GND
DIGITAL (PWM~)
L
TX
RX
UNO
Arduino
ON
ICSP
POWER
IOREF
RESET
3V3
5V
GND
VIN
ANALOG IN
A0
A1
A2
A3
A4
A5

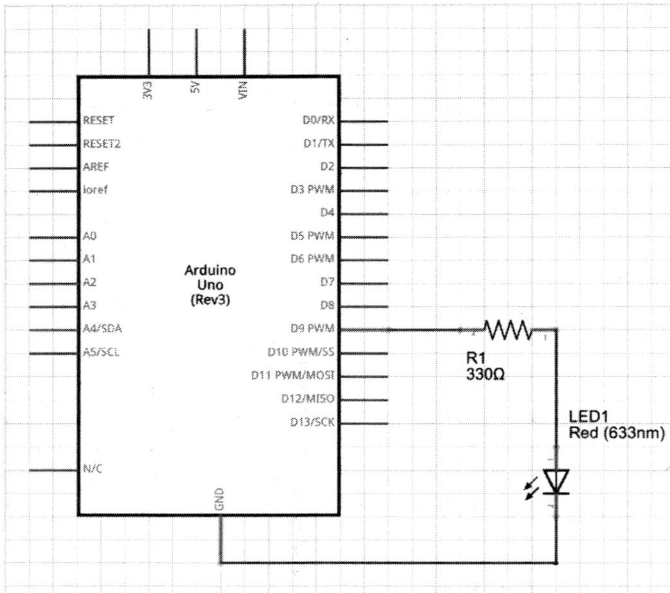

그림 7.4 펄스(PWM)으로 LED 제어 회로 구성

[프로그램 실험1]

PWM 핀을 통해서 PWM 신호를 출력하여 LED의 밝기를 조절하여 보자. PWM의 듀티비를 0~255까지 순차적으로 높였다가 낮추었다 하도록 프로그램을 작성하여 보자.

```
int led = 9;
int duty ;

void setup() {
  pinMode(led, OUTPUT);
}

 void loop()
{
    for(duty = 0; duty <= 255; duty++){
    analogWrite(led, duty);
    delay(10);
    }

    for(duty = 255; duty >=0; duty--){
    analogWrite(led, duty);
    delay(10);
    }
}
```

[프로그램 동작]

int led = 9;

LED가 연결되어 있는 아두이노의 PWM 포트.

int duty ;

LED의 밝기를 조절하기 위한 duty 변수(0~255 값으로 변하도록 수행함).

pinMode(led, OUTPUT);

LED가 연결되어 있는 포트를 출력으로 설정(PWM 출력 모드로 사용 시 출력 설정할 것).

analogWrite(led, duty);

LED가 연결되어 있는 출력 포트에 PWM 신호을 출력하는 함수(duty 값에 따라 결정됨).

delay(10);

10msec의 간격으로 LED 밝기 조정.

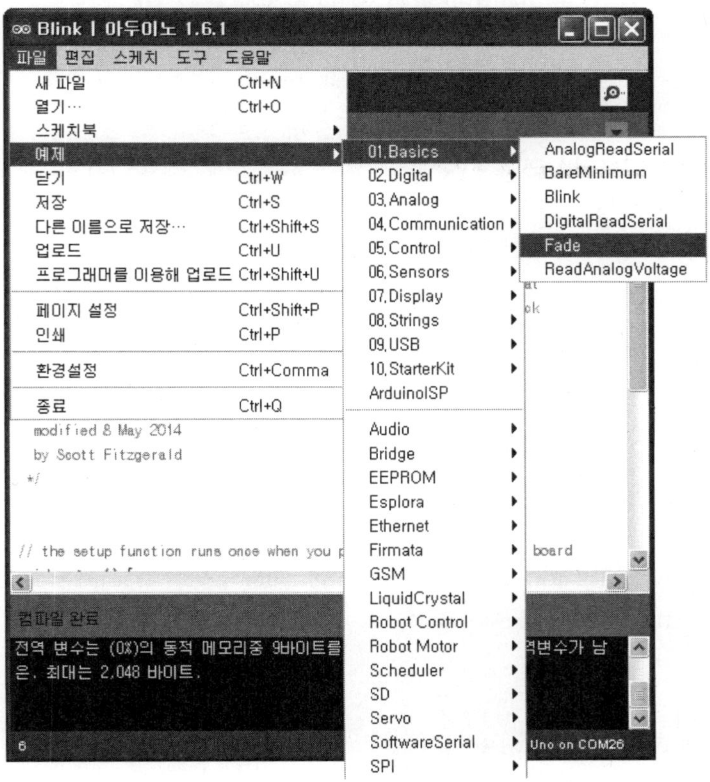

그림 7.5 Fade 실험 예제(PWM으로 LED 밝기 조절)

[프로그램 실험2]

포트에 연결되어 있는 LED가 순차적으로 밝아졌다 어두워졌다 하는 프로그램을 PWM 기능을 이용하여 작성하여 보자. 본 프로그램은 그림 7.5와 같이 아두이노에 내장되어 있는 Fade 예제를 불러와서 실험을 수행하면 된다.

```
/*
 Fade

 This example shows how to fade an LED on pin 9
 using the analogWrite() function.

 This example code is in the public domain.
*/

int led = 9;           // the pin that the LED is attached to
int brightness = 0;    // how bright the LED is
int fadeAmount = 5;  // how many points to fade the LED by

// the setup routine runs once when you press reset;
void setup() {
  // declare pin 9 to be an output:
  pinMode(led, OUTPUT);
}

// the loop routine runs over and over again forever:
 void loop()
{
  // set the brightness of pin 9:
  analogWrite(led, brightness);

  // change the brightness for next time through the loop:
  brightness = brightness + fadeAmount;
}

  // wait for 30 milliseconds to see the dimming effect
  delay(30);
}
```

int led = 9;

LED가 연결되어 있는 아두이노의 PWM 포트.

int brightness = 0;

LED의 밝기를 조절하기 위한 변수(0~255값으로 변하도록 수행함).

int fadeAmount = 5;

이 변수는 brightness 변수와 같이 LED의 밝기에 영향을 줌(이 값이 크면 빨리 밝아지거나 어두워짐).

pinMode(led, OUTPUT);

LED가 연결되어 있는 포트를 출력으로 설정(PWM 출력 모드로 사용 시 출력 설정할 것).

analogWrite(led, brightness);

LED가 연결되어 있는 출력 포트에 PWM 신호를 출력하는 함수(brightness 값에 따라 결정됨).

brightness = brightness + fadeAmount;

PWM의 밝기 조절 값인 brightness에 fadeAmount를 결합하여 밝기를 조절함.

delay(30);

30msec의 간격으로 LED 밝기 조정.

8_소리 부저 제어

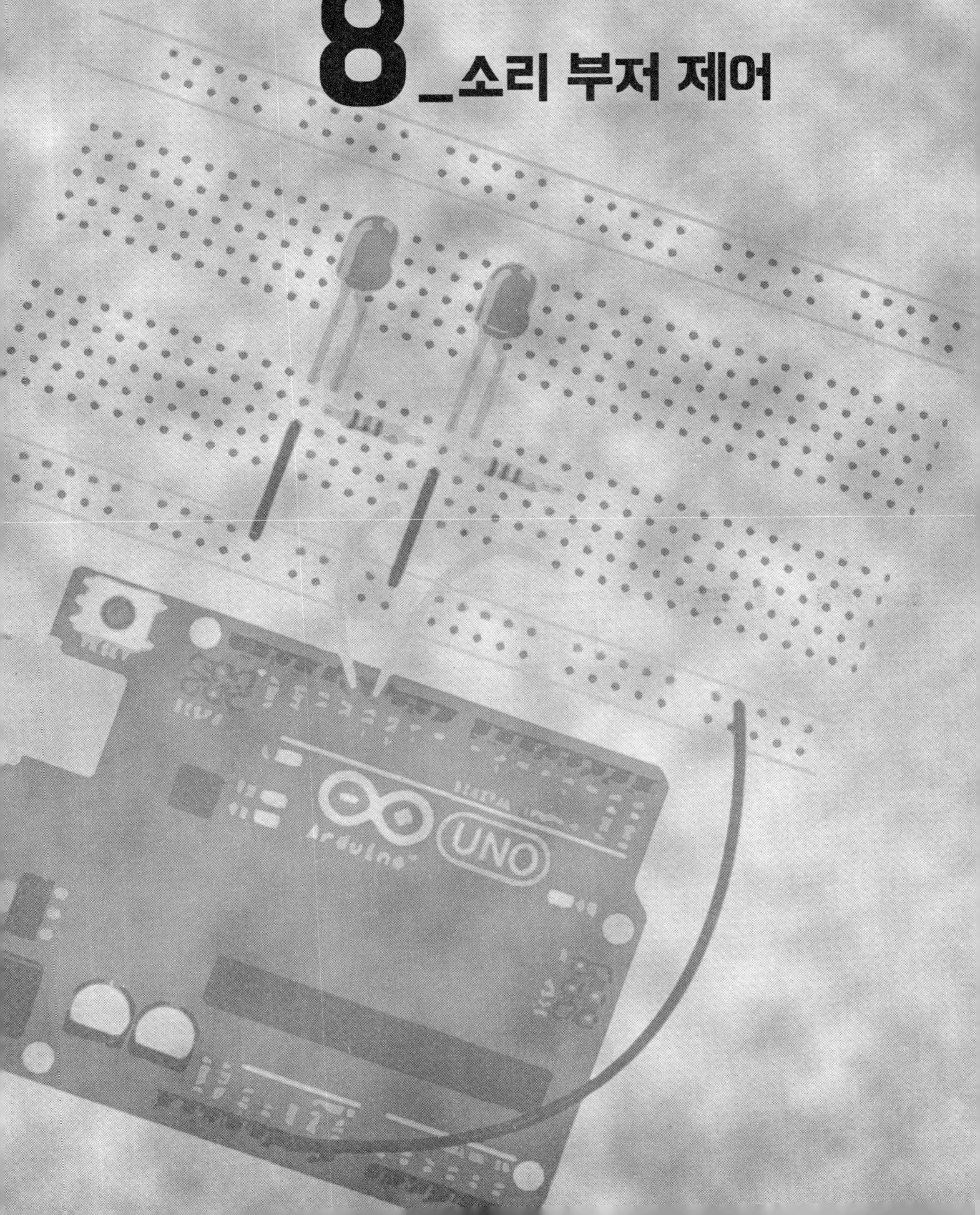

8.1 부저와 소리 만드는 방법

아두이노를 사용하여 디지털 신호인 HIGH, LOW를 부저에 출력해서 단순하게 소리를 만들었다. 그러나 앞에서 배웠던 PWM 신호의 주기를 조절해서 소리음을 만들 수 있다.

소리는 주파수를 발생하고 스피커의 진동 시간을 지정하여 음을 발생하게 된다. 진동시간을 짧게 할수록 높은 주파수가 만들어지게 된다.

사람의 가청 주파수는 20Hz에서 20,000Hz까지이기 때문에 1초로 반복하는 주기를 이용해서 음을 만들게 된다.

아두이노 소프트웨어에서는 Tone() 함수를 제공하고 있으며 주파수와 음의 지속시간을 조절해서 음을 발생할 수 있게 되어 있다. 이는 내부에 있는 하드웨어 타이머를 사용하고 있기 때문에 PWM 신호를 사용하여 음을 발생시킬 경우에는 Tone()함수를 사용할 수 없게 된다. 주기(T)와 주파수(f)의 관계는 그림 8.1과 같으며 가청주파수 20Hz의 주기는 0.05초로 반복되는 펄스를 가하게 되면 주파수 신호가 발생하게 되는 것이다.

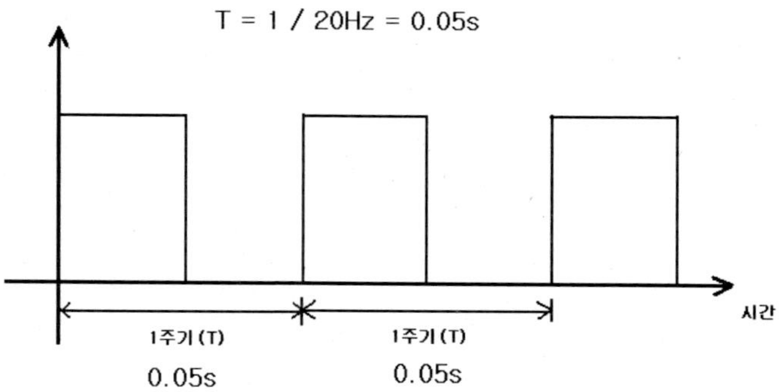

그림 8.1 디지털 신호의 소리 발생

음계에 맞는 주파수를 발생하게 되면 다양한 음을 만들 수 있게 된다. 본서에서는 아두이노에서 제공하는 Tone()함수를 사용해서 음이 발생하는 것을 실험해보고, PWM으로 주파수를 변경해서 음을 만드는 것은 다른 서적을 참고하도록 하자.

8.2 부저로 음 만들기

아두이노 프로그램에서는 음을 발생하는 Tone() 함수를 제공하기 때문에 제공된 함수를 이용하여 음을 발생시켜 보도록 하자. 부저를 통해서 음을 발생시키는 실험을 수행하기 위하여 준비물을 준비하여 보자.

[준비물]

- 아두이노 보드 1개
- 부저 1개

[회로 결선도]

회로 구성은 간단하기 때문에 그림 8.1과 같이 구성하면 된다. 부저를 아두이노의 D8번 핀에 연결하여 소리를 만들어 보자.

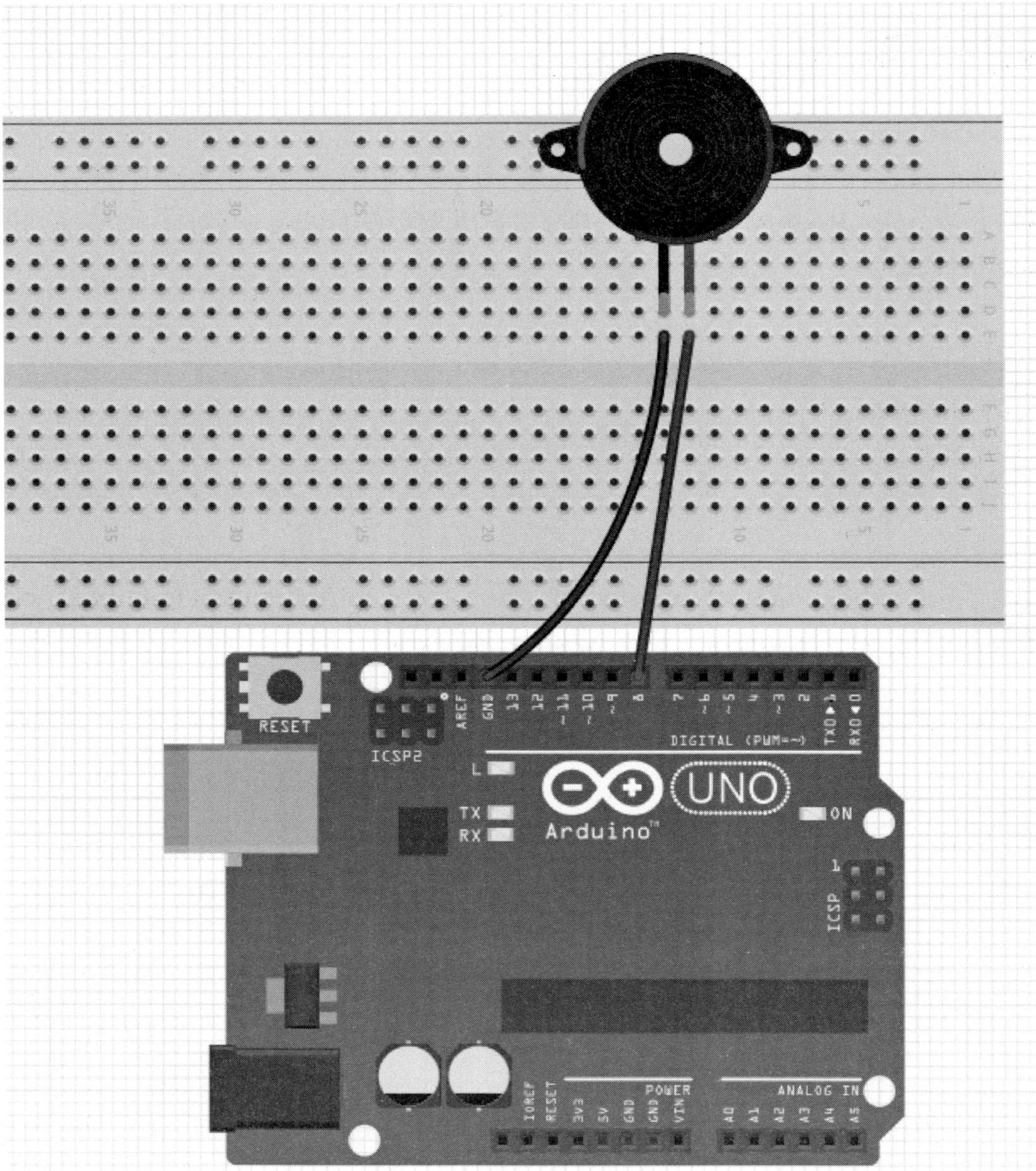
RESET
ICSP2
AREF
GND
13
12
~11
~10
~9
8
7
~6
~5
4
~3
2
TX▶1
RX◀0
DIGITAL (PWM=~)
L
TX
RX
UNO
Arduino
ON
ICSP
IOREF
RESET
3V3
5V
GND
GND
VIN
POWER
ANALOG IN
A0
A1
A2
A3
A4
A5

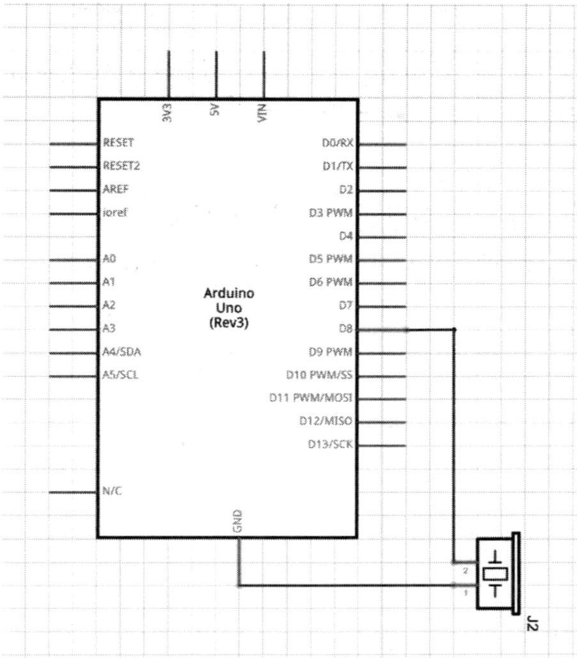

그림 8.2 부저 회로 구성

[프로그램 동작 실험 1]

포트에 연결되어 있는 부저에 BEEP음을 1초마다 내는 프로그램을 작성하여 보자. tone()의 함수를 이용하며 파라미터를 조절하여 다양한 음을 발생하여 보자.

```
int speakerpin = 8;    // 부저가 연결된 디지털 핀 설정

void setup()
{
}

void loop()
{
    tone(speakerpin, 500, 1000);    // 500은 음의 높낮이(주파수)를 조절하는 것이고 1000은 음의 지속 시간(1초)
    delay(2000);
}
```

[프로그램 동작 실험 2]

이번에는 부저에 도, 레, 미, 파, 솔, 라, 시, 도 음을 연주하여 보자. tone()의 함수를 이용하여 파라미터를 조절하며 다양한 음계를 만들 수 있다.

```
int speakerpin = 8;    // 부저가 연결된 디지털 핀 설정
int frq[ ] = {2093, 2349, 2637, 2793, 3136, 3520, 3951, 4186};

void setup()
{
}
void loop()
{
   int count = 0;
   for(int i=0; i< 7; i++){
       tone(speakerpin, frq[i], 500);    // frq를 play 한다.
       delay(750);
  }
}
```

9 _모터 제어

9.1 DC 모터 제어

DC 모터는 영구자석을 고정자로 사용하고, 코일을 회전자(전기자)로 구성하여 만든 모터로 전기자에 전류를 흘려서 모터가 회전하게 만든 것이다. 주로 장난감이나 무선 조종 장난감에 사용하고 있다. 가격이 저렴하고 쉽게 제어할 수 있다는 특징을 가지고 있기 때문에 많은 분야에서 활용되고 있다. DC모터에 기어박스를 추가하여 토크나 속도를 조절해서 사용하고 있으며 모터의 출력에 따라 장난감에서 산업용까지 폭넓게 활용되고 있다.

DC 모터의 특징은 기동 토크가 크며 인가전압에 대하여 회전특성이 직선적으로 비례하며, 입력전류에 대하여 출력 토크가 직선적으로 비례한다. 출력 효율이 양호하며 가격이 저렴하다는 특징을 가지고 있다.

그림 9.1 DC모터 외형

DC 모터의 ON/OFF를 제어할 때는 그림 9.2와 같은 회로를 이용하면 제어할 수 있으며 모터의 정방향/역방향으로 제어가 가능하다. 이렇게 모터의 방향을 바꾸려면 모터에 입력되는 전압의 극성 방향을 변경하여 정회전, 역회전으로 구동하게 된다. 이러한 회로를 "H 브리지 회로" 라고 한다.

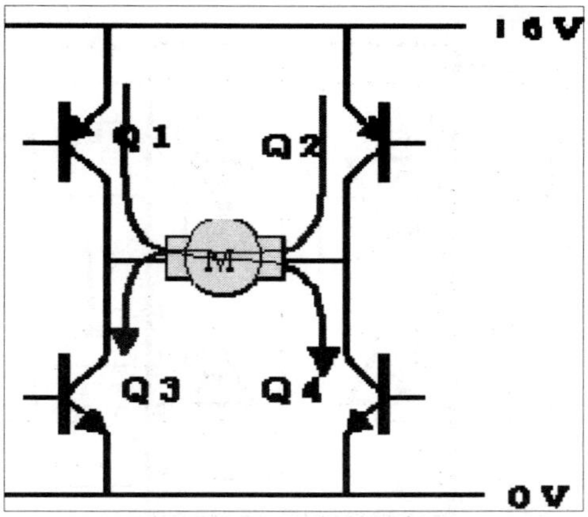

그림 9.2 H 브리지 회로 개념도

9.1.1 모터 드라이브 L293B IC

모터 드라이브 IC인 L293B는 DC모터를 구동하는데 많이 사용되는 IC로서 그림 9.3과 같이 16핀으로 구성되어 있으며 두 개의 DC모터를 제어할 수 있게 되어 있다.

INPUT1, INPUT2번은 모터의 정회전과 역회전을 결정하기 위한 신호 입력 단자이며 CHIP ENABLE1은 1번 모터가 동작되도록 하기 위한 인에이블 단자이다. VSS는 IC 구동을 위한 전원 단자로서 5V 전원을 연결하면 된다. OUTPUT1, OUTPUT2는 구동하기 위한 DC모터를 연결하는 단자이다. 또한 두 개의 GND 단자는 접지단자로 0V 전원에 연결하면 된다. 두 번째 DC모터를 제어하기 위해서는 INPUT3, INPUT4, CHIP ENABLE2, OUTPUT3, OUTPUT4에 똑같은 방법으로 연결하여 제어하면 된다.

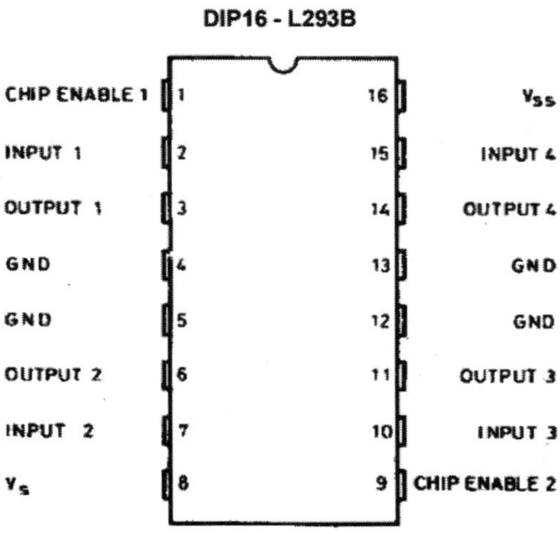

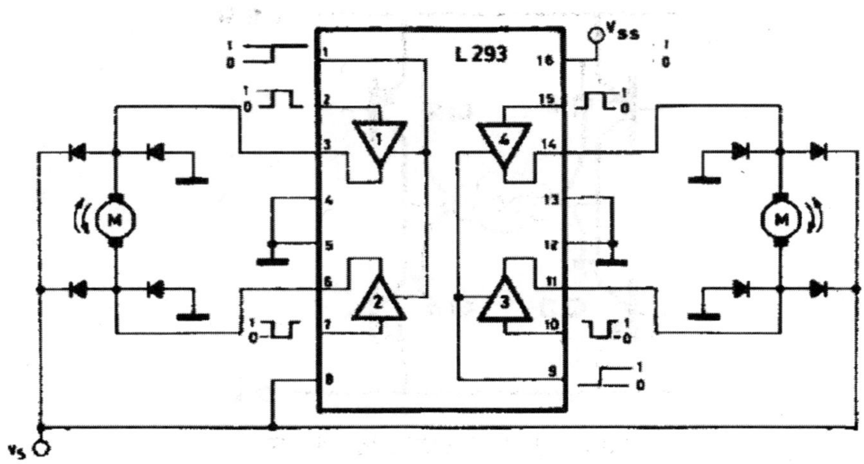

그림 9.3 L293B 핀 구조와 기본 회로도

[준비물]

- 브레드보드 1개
- 아두이노 보드 1개
- L293B 1개
- 다이오드 1N4004 2개
- DC모터 1개

[회로 결선도]

1개의 DC모터 실험을 위하여 2개의 다이오드와 L293B IC를 이용하여 그림 9.4와 같이 연결하도록 하자. 이때 L293의 핀의 기능에 맞추어서 순차적으로 연결하면 된다. L293B IC에 들어있는 "H 브리지" 회로에 DC모터를 연결하고 아두이노 보드와 연결하여 제어하면 쉽게 제어가 가능하다.

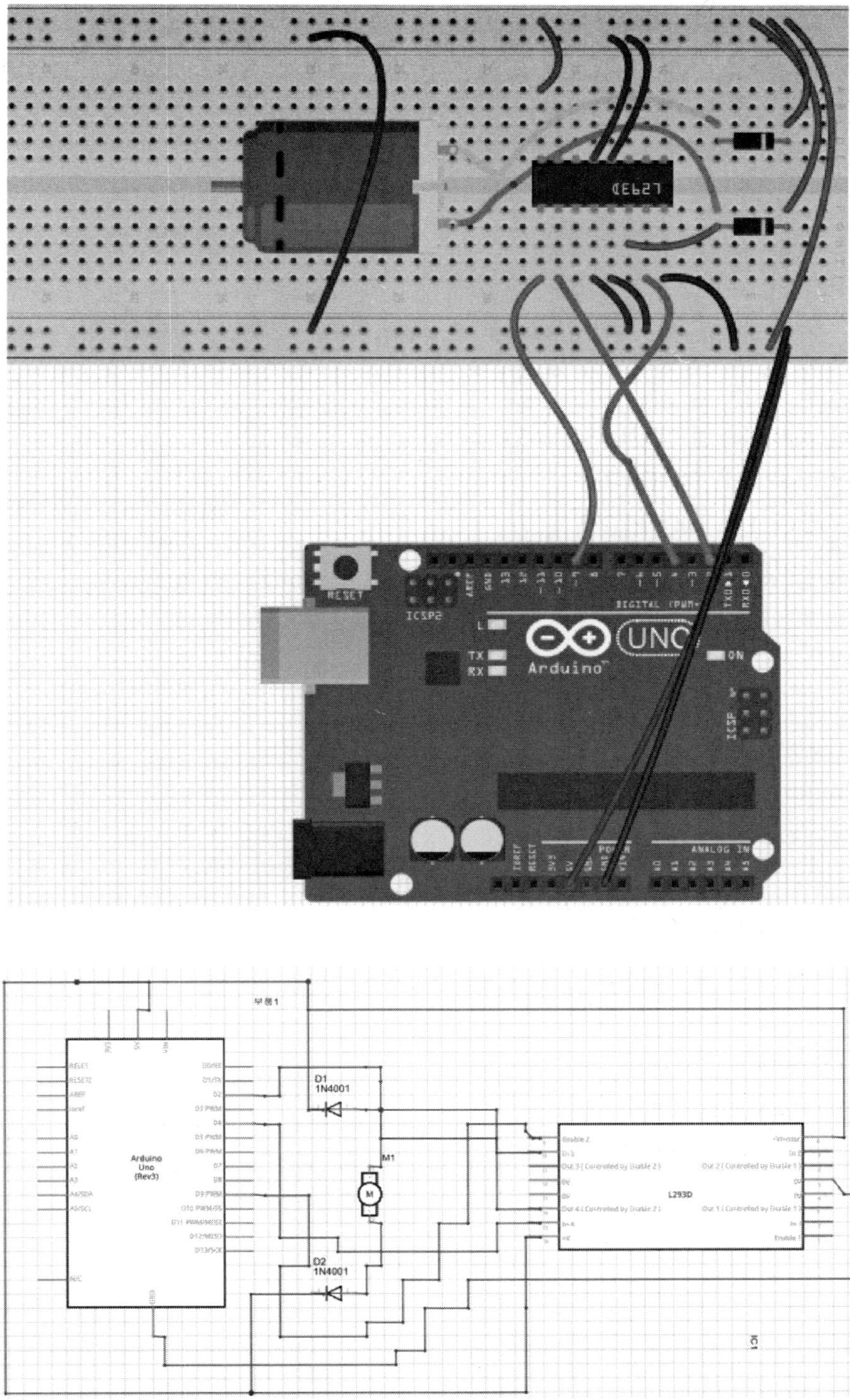

그림 9.4 DC모터 구동 회로 구성

프로그램 작성 [포트 제어 방법]

포트 제어 방법으로 디지털 신호로 입력하여 단순하게 제어하는 방법의 프로그램 실험을 수행하여 보자.

```
#define enable1         6
#define motor1_1        2
#define motor1_2        3

void setup()
{
 pinMode(enable1, OUTPUT);
 pinMode(motor1_1, OUTPUT);
 pinMode(motor1_2, OUTPUT);
}

void loop()
{
 digitalWrite(motor1_1, HIGH);
 digitalWrite(motor1_2, LOW);
 digitalWrite(enable1, HIGH);
 delay(2000);
 digitalWrite(enable1, LOW);
 delay(2000);

 digitalWrite(motor1_1, LOW);
 digitalWrite(motor1_2, HIGH);
 digitalWrite(enable1, HIGH);
 delay(2000);
 digitalWrite(enable1, LOW);
 delay(2000);
}
```

#define enable1 6

DC 모터의 동작을 결정하는 포트 설정.

#define motor1_1 2

드라이버 IC의 Input 1-1과 연결되는 아두이노 핀 설정.

#define motor1_2 3

드라이버 IC의 Input 1-2과 연결되는 아두이노 핀 설정.

pinMode(motor1_1, OUTPUT);
pinMode(motor1_2, OUTPUT);

드라이버 IC의 Input 1-1과 Input 1-2에 연결되어 있는 포트 출력 설정.

pinMode(enable1, OUTPUT);

DC모터의 구동을 위한 출력 설정.

digitalWrite(motor1_1, HIGH);
digitalWrite(motor1_2, LOW);

DC 모터를 정방향으로 회전(사용자 설정 방향).

digitalWrite(enable1, HIGH);

DC 모터를 정방향 동작하게 설정.

digitalWrite(enable1, LOW);

DC 모터를 정방향 정지하게 설정.

digitalWrite(motor1_1, LOW);
digitalWrite(motor1_2, HIGH);

DC 모터를 역방향으로 회전(사용자 설정 방향).

digitalWrite(enable1, HIGH);

DC 모터를 역방향 동작하게 설정.

digitalWrite(enable1, LOW);

DC 모터를 역방향 정지하게 설정.

9.1.2 아두이노 모터 드라이브 사용

모터 드라이브 IC인 L298는 DC모터를 구동하는데 많이 사용되는 소자로서 2개의 DC모터를 제어할 수 있게 되어 있다. 사용하기 편리하게 모듈로 구성되어 있기 때문에 아두이노(로보이노)에 점퍼로 직접 연결해서 사용할 수 있게 구성하였다. L298은 브레드보드에 회로를 구성하는 것이 어렵기 때문에 모듈 형태로 회로구성을 해 놓았으며 아두이노(로보이노) 뿐만 아니라 각종 마이크로프로세서와 연결해서 사용이 가능한 특징을 가지고 있다. 그림 9.5는 L298로 제작된 2채널 DC모터 드라이브의 외형을 보여주고 있다. 2개의 DC모터를 가지고 있는 로봇이나 장치를 제어할 때 사용하면 쉽고 편리하게 제작이 가능하다.

그림 9.5 아두이노 DC모터 드라이브

[준비물]

- 브레드보드 1개
- 아두이노 보드 1개
- 2채널 DC모터 드라이브 1개
- DC모터 2개

[회로 결선도]

본 실험을 위해서 회로를 구성할 필요는 없으며 아두이노 보드와 DC모터 드라이브 간에 점퍼를 이용하여 연결만하면 두 개의 DC모터를 제어하게 된다. 우선 EA, IN1, IN2는 모터 1번과 ENB, IN3, IN4번은 모터 2번을 제어할 수 있는 입력단자로서 아두이노(로보이노)의 디지털 포트에 연결하면 된다. 또한 전원(VCC, GND)은 아두이노 단자의 전원과 연결하면 된다. 만약, 5V이상의 구동 전압으로 모터를 제어할 경우에는 외부 전원 단자에 별도의 전원을 입력해서 사용하면 된다.

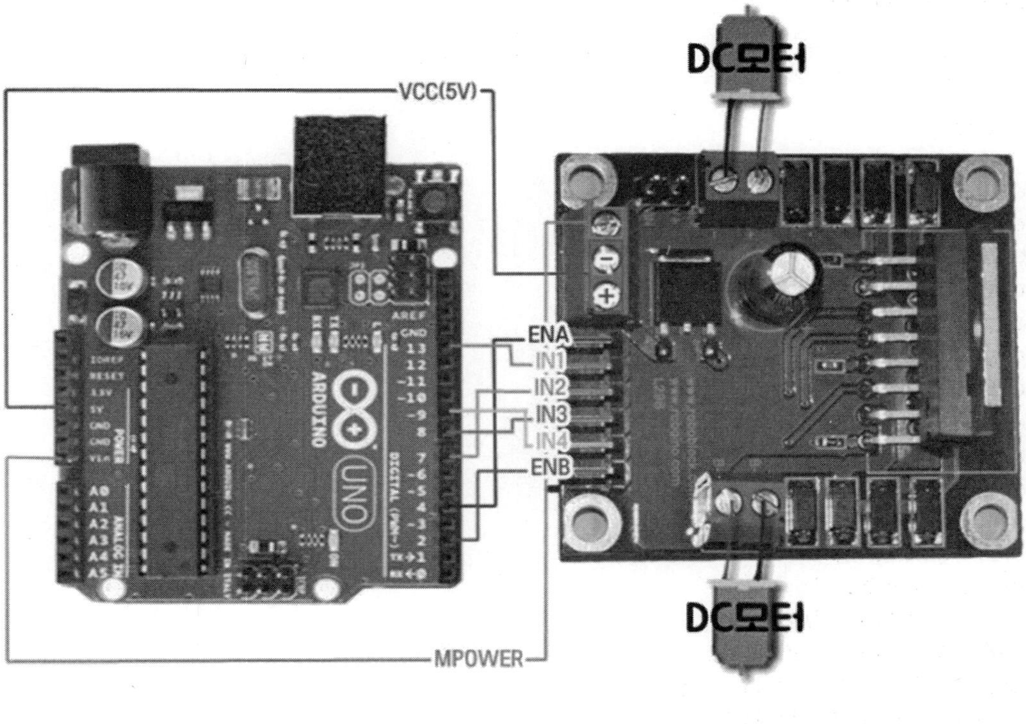

그림 9.6 아두이노와 DC모터 드라이브 Shield 연결

프로그램 작성 [포트 제어 방법]

포트 제어 방법으로 디지털 신호로 입력하여 단순하게 제어하는 방법의 프로그램 실험을 수행하여 보자.

```
#define ENA        4
#define IN1        11
#define IN2        7
#define ENB        2
#define IN3        8
#define IN4        9

void setup()
{
 pinMode(ENA, OUTPUT);
 pinMode(IN1, OUTPUT);
 pinMode(IN2, OUTPUT);
 pinMode(ENB, OUTPUT);
 pinMode(IN3, OUTPUT);
 pinMode(IN4, OUTPUT);

}

void loop()
{
 digitalWrite(IN1, HIGH);
 digitalWrite(IN2, LOW);
 digitalWrite(IN3, HIGH);
 digitalWrite(IN4, LOW);
 digitalWrite(ENA, HIGH);
 digitalWrite(ENB, HIGH);
 delay(2000);
 digitalWrite(ENA, LOW);
 digitalWrite(ENB, LOW);
 delay(2000);

 digitalWrite(IN1, LOW);
 digitalWrite(IN2, HIGH);
 digitalWrite(IN3, LOW);
 digitalWrite(IN4, HIGH);
 digitalWrite(ENA, HIGH);
 digitalWrite(ENB, HIGH);
 delay(2000);
 digitalWrite(ENA, LOW);
 digitalWrite(ENB, LOW);
 delay(2000);
}
```

#define ENA   4

DC 모터의 동작을 결정하는 포트 설정.

#define IN1   11

드라이버 IC의 Input 1과 연결되는 아두이노 핀 설정.

#define IN2   7

드라이버 IC의 Input 2와 연결되는 아두이노 핀 설정.

#define ENB   2

DC 모터의 동작을 결정하는 포트 설정.

#define IN3   8

드라이버 IC의 Input 3과 연결되는 아두이노 핀 설정.

#define IN4   9

드라이버 IC의 Input 4와 연결되는 아두이노 핀 설정.

pinMode(IN1, OUTPUT);
pinMode(IN2, OUTPUT);

드라이버 IC의 Input 1과 Input 2에 연결되어 있는 포트 출력 설정.

pinMode(ENA, OUTPUT);

DC모터의 구동을 위한 출력 설정.

pinMode(IN3, OUTPUT);
pinMode(IN4, OUTPUT);

드라이버 IC의 Input 3과 Input 4에 연결되어 있는 포트 출력 설정.

pinMode(ENB, OUTPUT);

DC모터의 구동을 위한 출력 설정.

digitalWrite(IN1, HIGH);
digitalWrite(IN2, LOW);
  DC 모터1을 정방향으로 회전(사용자 설정 방향).

digitalWrite(IN3, HIGH);
digitalWrite(IN4, LOW);
  DC 모터2를 정방향으로 회전(사용자 설정 방향).

digitalWrite(ENA, HIGH);
digitalWrite(ENB, HIGH);
  DC 모터1, 2를 정방향 동작하게 설정.

digitalWrite(ENA, LOW);
digitalWrite(ENB, LOW);
  DC 모터3, 4를 정방향 정지하게 설정.

digitalWrite(IN1, LOW);
digitalWrite(IN2, HIGH);
  DC 모터1을 역방향으로 회전(사용자 설정 방향).

digitalWrite(IN3, LOW);
digitalWrite(IN4, HIGH);
  DC 모터2를 역방향으로 회전(사용자 설정 방향).

digitalWrite(ENA, HIGH);
digitalWrite(ENB, HIGH);
  DC 모터1, 2를 역방향 동작하게 설정.

digitalWrite(ENA, LOW);
digitalWrite(ENB, LOW);
  DC 모터1, 2를 역방향 정지하게 설정.

9.1.3 모터 Shield 사용

모터 드라이브 IC인 L293DD는 DC모터를 구동하는데 많이 사용되는 SMD IC로서 L293B와 같이 생겼으며 16핀으로 구성되어 있고 두 개의 DC모터를 제어할 수 있게 되어 있다. 단지 SMD 타입으로 PCB 기판에 직접 납땜해서 사용할 수 있게 되어 있다. L293B와 같이 브레드보드에 회로를 구성하는 것이 어렵기 때문에 Shield 형태로 회로를 구성하여 사용하기 편리하게 모듈화 하였다.

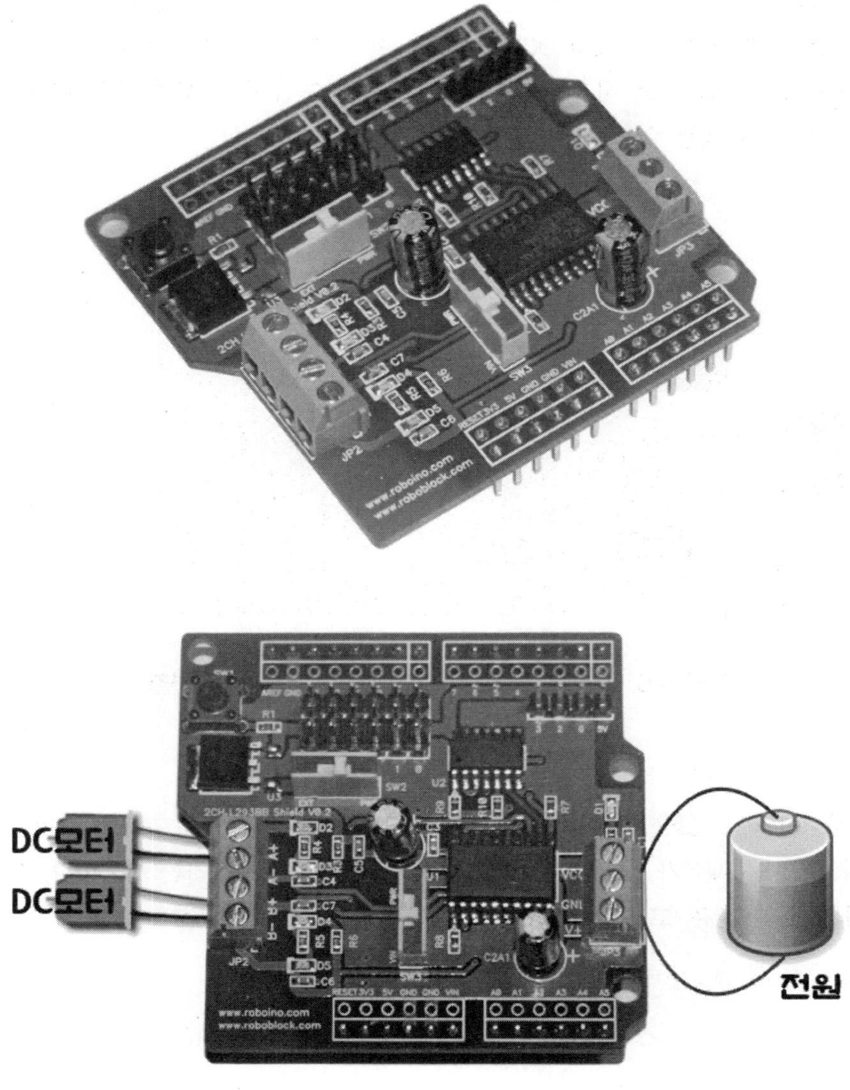

그림 9.7 DC모터 드라이브 Shield

[준비물]

- 브레드보드 1개
- 아두이노 보드 1개
- 2채널 DC모터 드라이브 Shield 1개
- DC모터 2개

[회로 결선도]

본 실험을 위해서 회로를 구성할 필요는 없으며 아두이노 보드에 DC모터 드라이브 Shield를 꽂기만 하면 회로가 연결되며 두 개의 DC모터를 구동할 수 있게 제공되고 있다. DC모터 드라이브 Shield 내부에는 L293DD IC를 이용하여 모터를 제어할 수 있게 구성하였기 때문에 편리하게 두 개의 DC모터를 제어할 수 있는 장점을 가지고 있다.

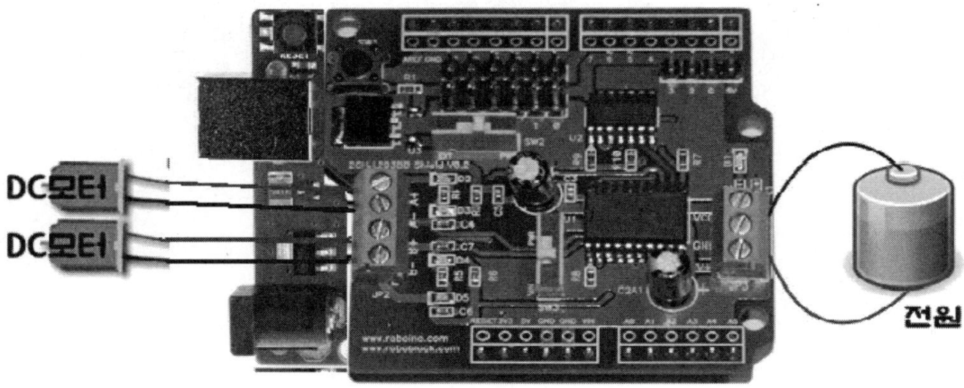

그림 9.8 아두이노와 DC모터 드라이브 Shield 연결

프로그램 작성 [속도 제어]

본 프로그램은 PWM 신호를 입력하여 모터의 속도 제어를 하는 프로그램이다. 앞에서 제어했던 방식과 다르게 속도제어가 가능하기 때문에 일반적으로 많이 사용하는 방법이다. 이제 아두이노 스케치에 아래와 같은 코드를 작성한 후에 실험하여 보도록 하자.

```
#define enable1         6
#define motor1_1        2
#define motor1_2        3

void setup()
{
 pinMode(motor1_1, OUTPUT);
 pinMode(motor1_2, OUTPUT);
 analogWrite(enable1, 0);
}

void loop()
{
 digitalWrite(motor1_1, HIGH);
 digitalWrite(motor1_2, LOW);
 digitalWrite(enable1, 1023);
 delay(2000);
 analogWrite(enable1, 50);
 analogWrite(enable1, 25);
 analogWrite(enable1, 0);
 delay(1000);

 digitalWrite(motor1_1, LOW);
 digitalWrite(motor1_2, HIGH);
 analogWrite(enable1, 1023);
 delay(2000);
 analogWrite(enable1, 50);
 analogWrite(enable1, 25);
 analogWrite(enable1, 0);
 delay(1000);
}
```

```
#define enable1        6
```
DC 모터의 속도를 결정하는 포트 설정(PWM 전용 핀).

```
#define motor1_1        2
```
드라이버 IC의 Input 1-1과 연결되는 아두이노 핀 설정.

```
#define motor1_2        3
```
드라이버 IC의 Input 1-2와 연결되는 아두이노 핀 설정.

```
pinMode(motor1_1, OUTPUT);
pinMode(motor1_2, OUTPUT);
```
드라이버 IC의 Input 1-1과 Input 1-2에 연결되어 있는 포트 출력 설정.

```
analog Write(enable1, 0);
```
DC모터의 초기 속도를 0으로 설정(정지).

```
digitalWrite(motor1_1, HIGH);
digitalWrite(motor1_2, LOW);
```
DC 모터를 정방향으로 회전(사용자 설정 방향).

```
analogWrite(enable1, 1023);
```
DC 모터를 정방향으로 회전(가장 빠르게).

```
analogWrite(motor1EnablePin, 50);
analogWrite(motor1EnablePin, 25);
analogWrite(motor1EnablePin, 0);
```
DC 모터의 속도를 천천히 감소시키면서 정지(정방향).

```
digitalWrite(motor1_1, LOW);
digitalWrite(motor1_2, HIGH);
```
DC 모터를 역방향으로 회전(사용자 설정 방향).

analogWrite(enable1, 1023);

DC 모터를 역방향으로 회전(가장 빠르게).

analogWrite(motor1EnablePin, 50);

analogWrite(motor1EnablePin, 25);

analogWrite(motor1EnablePin, 0);

DC 모터의 속도를 천천히 감소시키면서 정지(역방향).

9.2 서보모터 제어하기

서보모터(Servo Motor)는 내부에 DC모터와 구동 드라이브가 내장되어 있으며 기어 감속기가 내장되어 있는 모듈을 말한다. 주로 취미용 RC 시스템에 많이 사용되고 로봇 분야에 많이 사용되고 있다. 또한 도어락 내부에도 자주 사용되고 있다. 그림 9.9는 서보 모터의 외형을 보여주고 있으며 서보 모터 동작 범위는 +90도, -90도로 180도의 동작범위를 움직이게 된다. 서보모터의 입력 선은 총 3가닥으로 Signal(W), Vcc(R), Gnd(B)로 구성되어 있다. 전원은 5Volt 이상의 독립 전원으로 CPU와 별도의 전원을 주는 것이 안전하다. 제어 신호는 펄스로 공급되는데 펄스폭이 1.5msec의 신호가 3msec 이상 20msec 이내의 주기로 공급되면 0도의 위치에 서보 모터가 위치한다. 각도를 움직이기 위해서는 1.5msec 보다 작거나 큰 펄스를 인가하면 서보 모터는 인가된 펄스폭에 대한 각도로 동작한다. 그림 9.10에 서보 모터의 동작각도와 펄스와의 관계를 나타내었다. 약 0.7msec의 펄스에서 -90도의 위치로 2.3msec의 펄스에서 +90도의 위치로 움직인다.

그림 9.9 서보모터의 외형

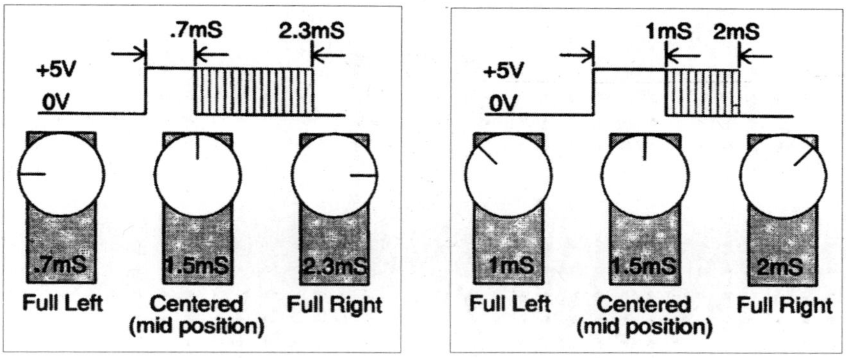

그림 9.10 서보 모터의 동작 각도와 신호 펄스와의 관계

이제 서보모터의 실험을 위하여 다음과 같이 준비물을 준비하고 서보모터 구동 회로를 제작하여 보자.

[준비물]

- 브레드보드 1개
- 아두이노 보드 1개
- 서보모터 1개

[회로 결선도]

서보모터의 실험을 위하여 그림 9.11과 같이 회로를 구성하여 보자. 앞에서 설명한 것 같이 모터의 GND(검정색), VCC(빨간색)을 전원에 연결하고 노란색은 신호 선으로 아두이노의 포트 D6번에 연결하여 보자.

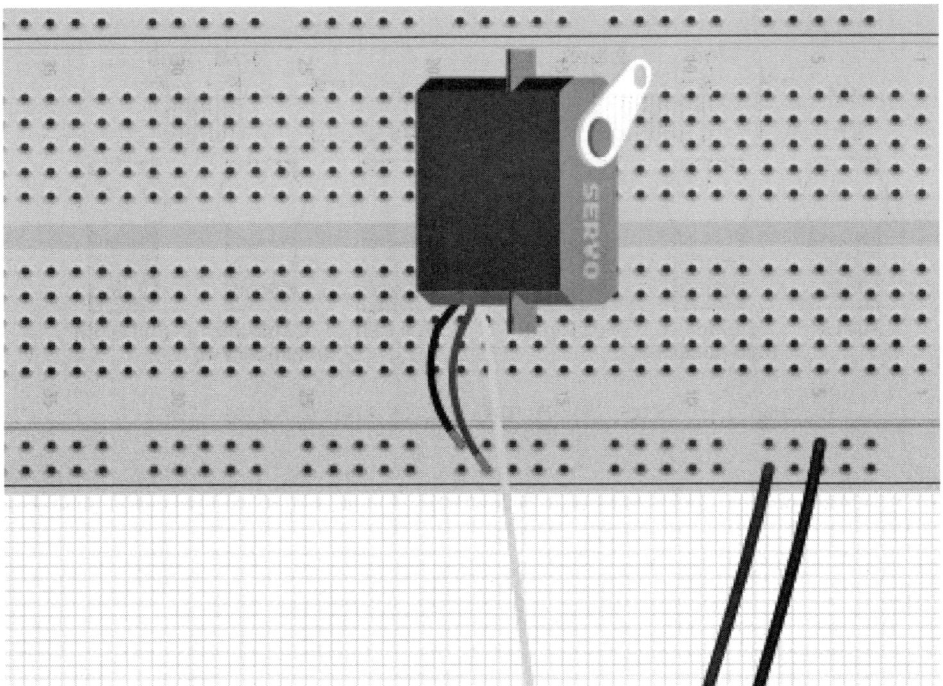

그림 9.11 서보 모터 연결도

[프로그램 작성]

구성된 서보모터의 실험을 수행하여 보자. 서보모터의 각도를 0도, 90도, 180도 순으로 움직이게 프로그램을 작성하여 보자. 아두이노에서는 서보모터를 구동하기 쉽게 함수를 제공하고 있다. 내부 함수를 이용하여 프로그램을 작성하도록 한다.

```
#include <Servo.h>

int servo_cnt = 8;
Servo servo;

void setup()
{
 servo.attach(servo_cnt);
}

voide loop()
{
   int i;

 servo.write(0);
 delay(1000);

 servo.write(90);
 delay(1000);

 servo.write(180);
 delay(1000);
}
}
```

#include <Servo.h>

아두이노에 내장된 서보모터 라이브러리를 사용하기 위해 설정된 것.

int servo_cnt = 6;

서보모터의 제어 선을 아두이노의 D6번에 연결함.

Servo servo;

서보모터 제어 라이브러리 사용을 위한 변수 설정.

servo.attach(servo_cnt);

서보모터 제어선을 연결하기 위한 아두이노 포트 설정함수.

servo.write(0);

서보모터의 각도를 0도로 설정.

servo.write(90);

서보모터의 각도를 90도로 설정.

servo.write(180);

서보모터의 각도를 180도로 설정.

10_아날로그 신호 입력

10.1 아날로그 신호란?

아날로그 신호란 그림 10.1과 같이 시간에 대해 전압이 변하는 신호를 말한다. 이렇게 시간에 대해서 전압이 변하므로 디지털 장치에서는 직접 입력할 수가 없기 때문에 아날로그 신호를 디지털 신호로 변경해야한다. 아날로그 신호를 입력받아 디지털로 변환하는 장치를 A/D 변환기라고 하며 A/D변환기(Analog Digital Converter)로 변환된 디지털 신호를 아두이노 보드나 마이크로프로세서 보드로 입력받아서 사용하게 된다. 아두이노 보드는 이와 같이 전압, 온도, 압력 등의 아날로그 신호를 입력받아 디지털 신호로 변환해주는 A/D변환기가 내부에 내장되어 있기 때문에 특별한 장치가 필요 없이 쉽게 아날로그 입력을 할 수 있다. 아두이노 보드는 A0~A5핀으로 6개의 아날로그 입력을 받을 수 있게 구성되어 있다.

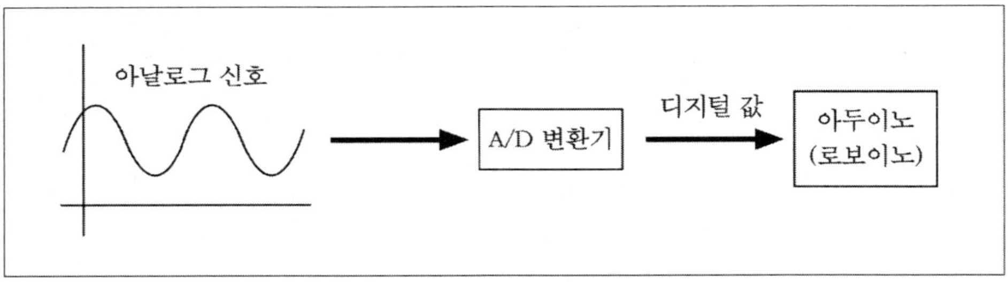

그림 10.1 A/D 변환 개념도

그림 10.2 아날로그 입력 포트

10.2 가변저항으로 아날로그 입력하여 LED 제어

아두이노 보드에서 사용하는 전압은 5V와 3.3V의 전원을 사용하고 있다. 우리가 0V에서 5V 전원을 이용한다고 가정하고 8비트의 디지털 신호를 이용한다면 아날로그 전압 범위는 256개의 균등한 간격으로 나눌 수 있다. 이런 식으로 전압 값을 이진신호의 비트수로 나눠서 분해를 하면 전압의 범위가 나눠지게 된다. 아두이노에서는 10비트의 신호(10비트 분해능)로 나눠지기 때문에 더 정밀한 전압의 범위로 나눌 수 있게 된다. 즉, 5V를 1024로 분해하게 된다. 아두이노의 프로그램에서 아날로그 신호를 입력하는 함수 표현은 다음과 같다.

```
sen = analogRead(A0);
```

analogRead() 함수를 이용하면 A0에 핀에 들어오는 아날로그 신호를 디지털로 변환해서 sen이라는 변수에 가져오게 된다. 이때 sen 값의 범위는 입력전압 0V~5V의 입력에 따라 0~1023까지의 값으로 들어오게 된다. sen에 들어오는 값은 10bit의 값이 항상 들어오며 변수를 선언할 때 16비트로 선언해야 한다.

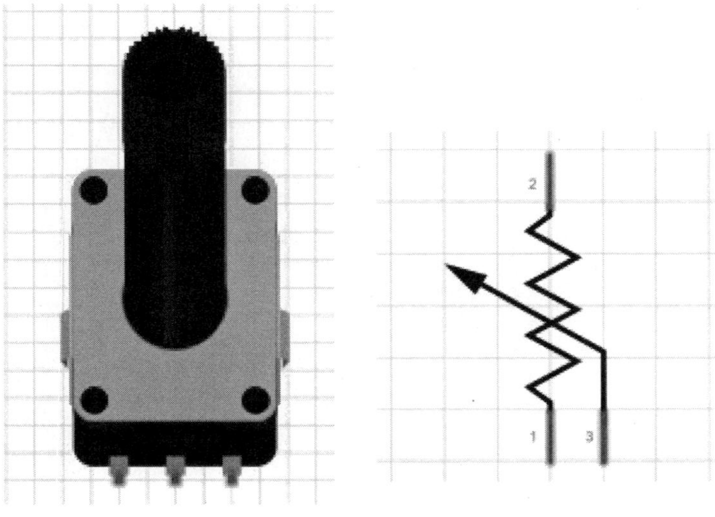

그림 10.3 가변저항의 외형 및 회로도

그러면 이번에는 가변저항의 변화에 따라서 변화되는 전압을 아날로그 핀 A0로 입력받아 아두이노의 PWM 출력 핀에 연결되어 있는 LED의 밝기를 조절하는 프로그램을 실험하여 보자. 실험을 하기 위하여 다음의 준비물을 확인해보자.

[준비물]

- 브레드보드 1개
- 아두이노 보드 1개
- 5파이 RED LED 1개
- 저항(330오음) 1개
- 가변저항(10K오음) 1개

[회로 결선도]

가변저항의 좌우 다리에 전원을 연결하고 중간 다리에는 아날로그 입력단자인 A0에 연결하도록 하자. 그리고 LED는 PWM 단자에 연결해서 실험하여 보자. PWM 단자 중에 ~6번 핀에 LED를 연결하여 회로를 구성하여 보자. PWM 단자로서 디지털 신호 출력 방식과 아날로그 출력 방식을 구분해서 실험하여 보도록 하자.

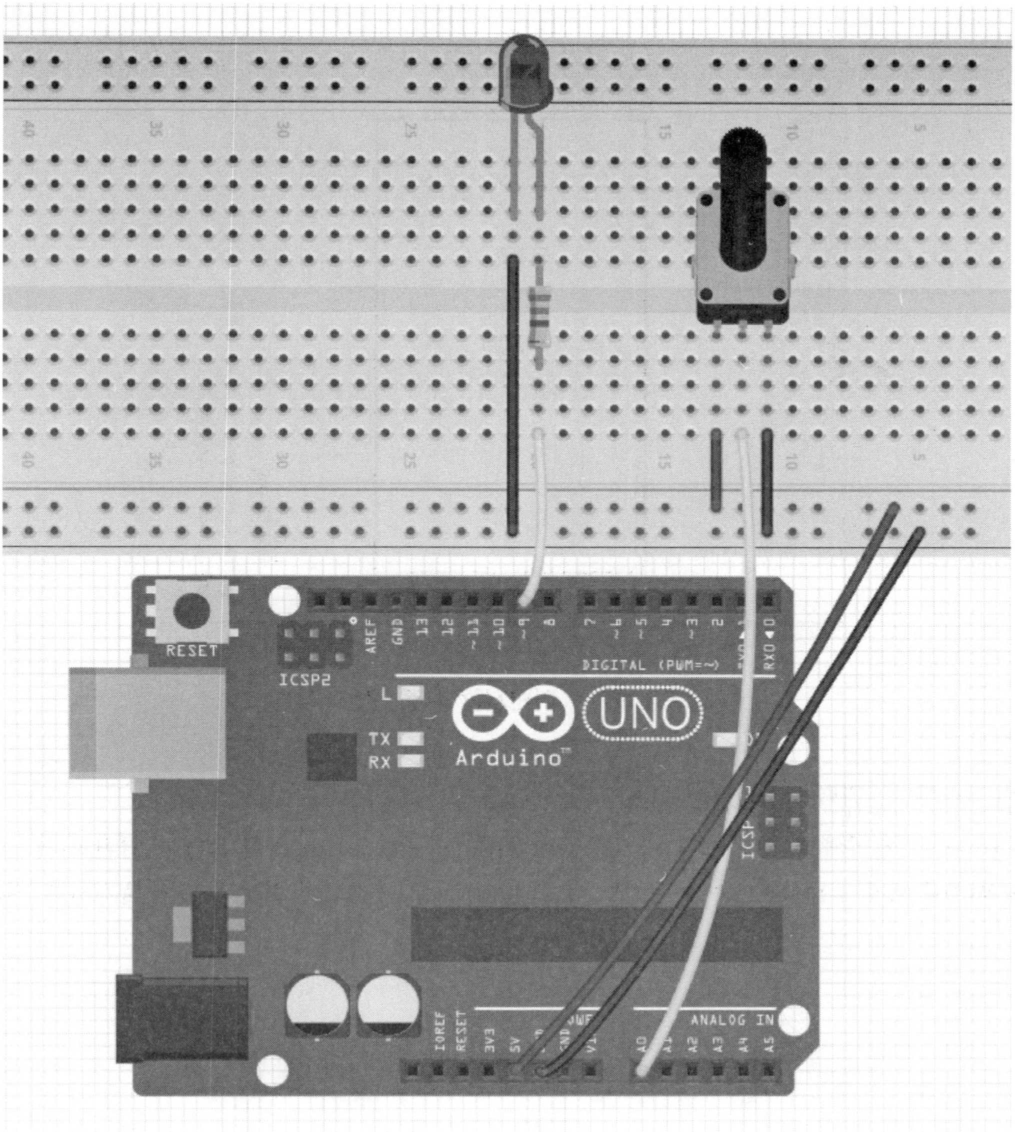
RESET
ICSP2
AREF
GND
DIGITAL (PWM=~)
L
TX
RX
UNO
Arduino
ICSP
IOREF
RESET
3V3
5V
ANALOG IN
A0
A1
A2
A3
A4
A5

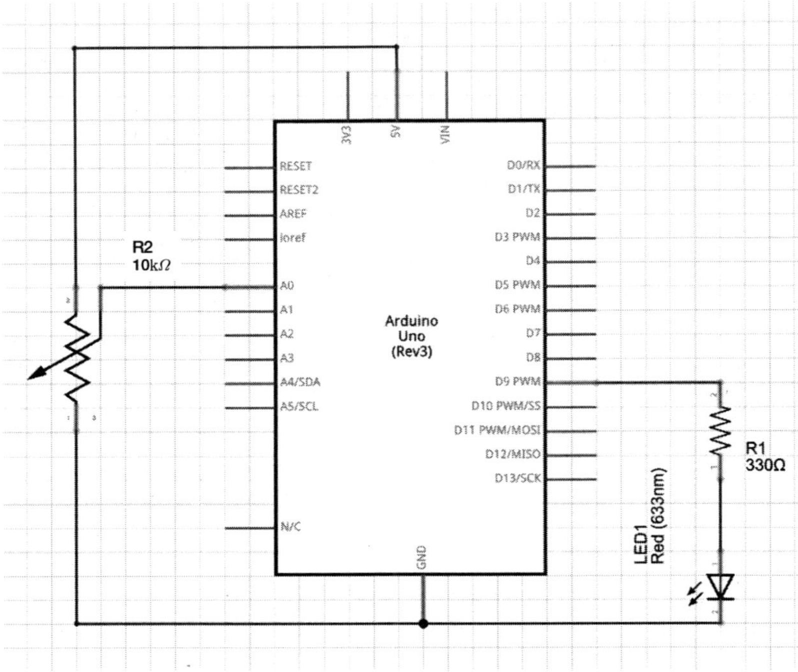

그림 10.4 가변저항 회로 구성

[실험] 아날로그 입력에 의한 디지털 출력 제어

아두이노 스케치에서 다음 그림 10.5와 같이 Analog → AnalogInput의 예제를 읽어 와서 실험을 수행하여 보자. 이때 LED는 아두이노 보드의 P13번에 연결되어 있는 LED에 출력하게 된다.

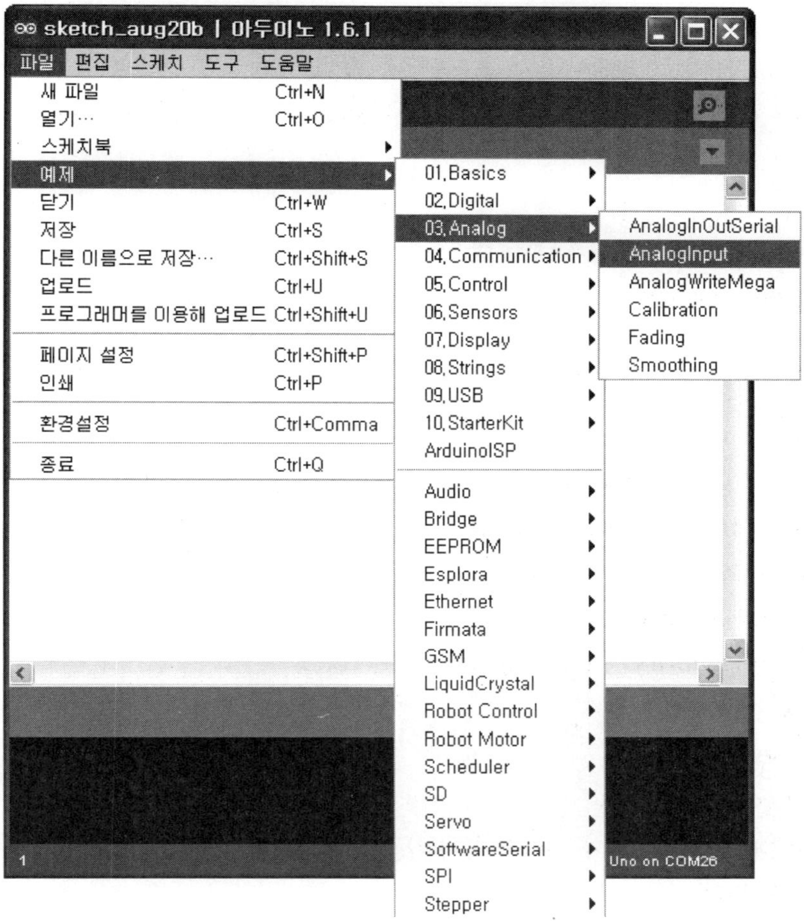

그림 10.5 아날로그 입력 예제

```
int sensorPin = A0;    // select the input pin for the potentiometer
int ledPin = 13;       // select the pin for the LED
int sensorValue = 0;   // variable to store the value coming from the sensor

void setup() {
  // declare the ledPin as an OUTPUT:
  pinMode(ledPin, OUTPUT);
}

void loop() {
  // read the value from the sensor:
  sensorValue = analogRead(sensorPin);
  // turn the ledPin on
  digitalWrite(ledPin, HIGH);
  // stop the program for 〈sensorValue〉 milliseconds:
  delay(sensorValue);
  // turn the ledPin off:
  digitalWrite(ledPin, LOW);
  // stop the program for for 〈sensorValue〉 milliseconds:
  delay(sensorValue);
}
```

int sensorPin = A0; // select the input pin for the potentiometer

가전저항의 출력단자를 아두이노 보드의 아날로그 입력단자 정의.

int ledPin = 13; // the pin that the LED is attached to

LED가 연결되어 있는 출력 핀으로 P13번에 연결되어 있는 보드 내의 LED.

int sensorValue = 0; // variable to store the value coming from the sensor

아날로그 입력단자로 들어온 값을 저장하기 위한 변수.

pinMode(ledPin, OUTPUT);

포트 13번을 OUTPUT으로 설정.

sensorValue = analogRead(sensorPin);

아두이노 보드의 A0에서 들어온 아날로그 신호를 읽기 위한 함수 analogRead()로 아날로그 값을 디지털로 변환한 데이터를 sensorValue에 저장한다. 10비트 분해능으로 0~1023의 값이 읽히게 된다. 그렇기 때문에 sensorValue는 16비트 변수 선언이 되어 있다.

digitalWrite(ledPin, HIGH); // turn the ledPin on

LED에 HIGH을 출력.

delay(sensorValue); // stop the program for for 〈sensorValue〉 milliseconds:

sensorValue 값에 따라 시간 지연함(단위는 milliseconds).

digitalWrite(ledPin, LOW); // turn the ledPin on

LED에 LOW을 출력.

delay(sensorValue); // stop the program for for 〈sensorValue〉 milliseconds:

sensorValue 값에 따라 시간 지연함(단위는 milliseconds).

11_센서 제어

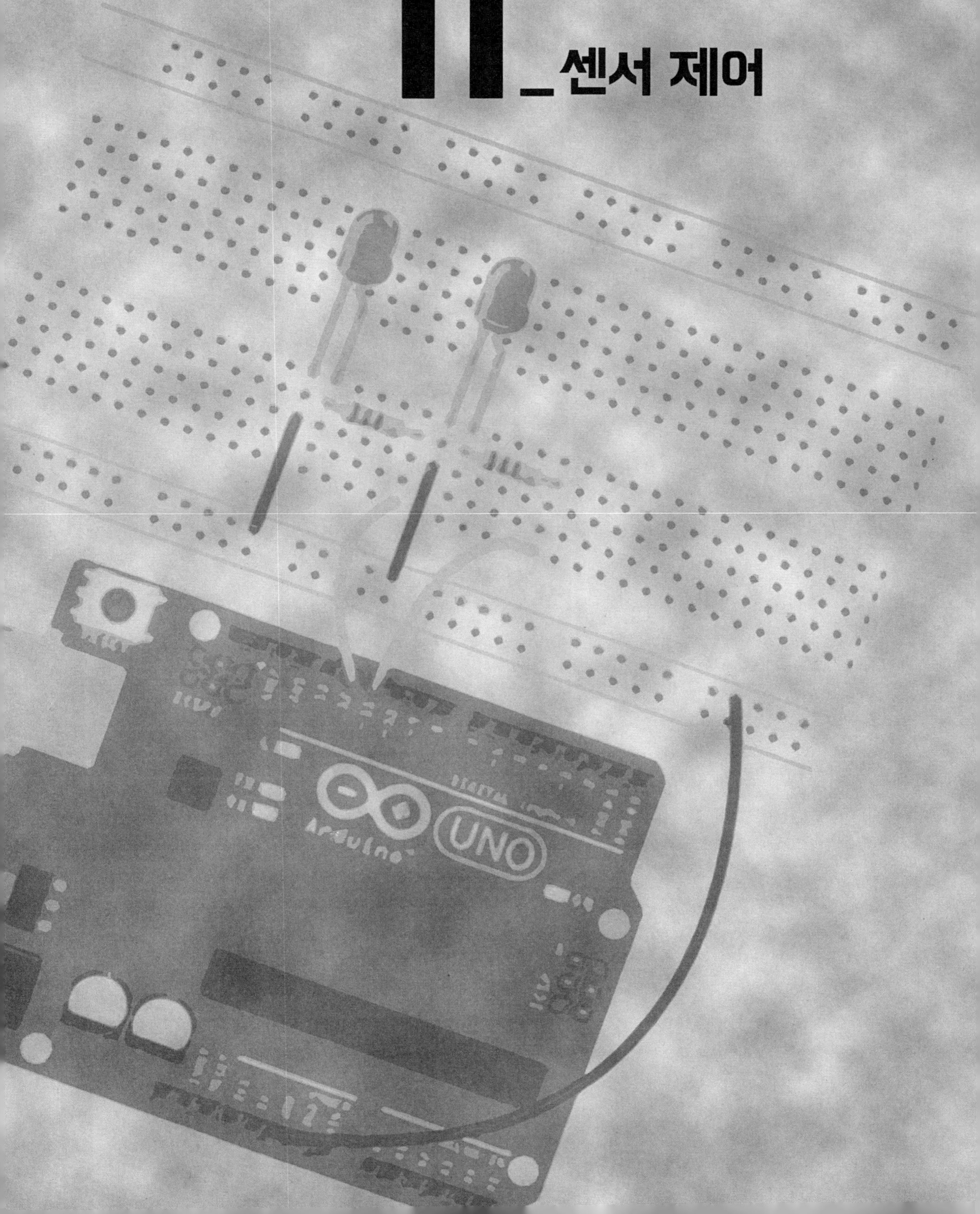

11.1 센서(Sensor)란?

센서(sensor)란 온도, 압력, 습도 등과 같이 물리적인 양이나 소리, 빛, 전파의 강도를 감지하여 전기적인 신호로 변환하는 소자를 말한다. CDS는 빛의 세기의 변화를 감지하는 센서이며 적외선 센서는 적외선의 세기를 감지하는 센서로서 물체를 감지할 때 주로 사용된다. 또한 초음파 센서는 물체의 거리를 측정하기 위해 사용되는 센서로 송신과 수신의 시간을 측정하여 거리를 판단하게 된다. 그 외에 열이 발생하는 정도를 감지하는 온도 센서, 물체가 기울어지거나 흔들리는 상태를 감지하는 기울기 센서 등이 있다. 이 외에 많은 센서가 있기 때문에 사용하는 용도에 맞게 사용하면 된다.

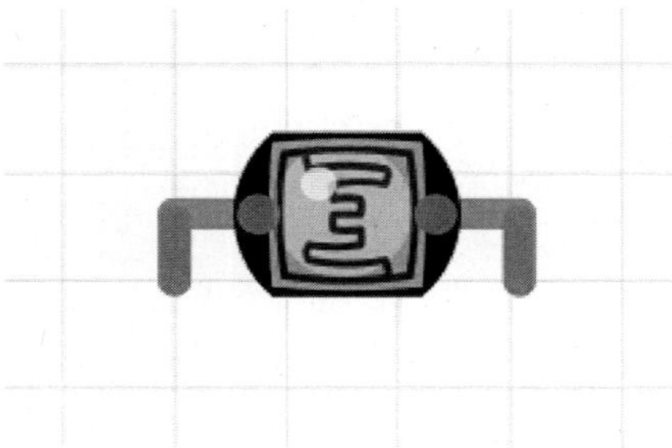

(a) CDS

(b) 적외선

(c) 초음파

그림 11.1 센서의 종류

그림 11.2는 센서에 따라서 출력되는 신호가 디지털 신호로 출력되거나 아날로그 신호로 출력되기 때문에 아두이노 보드에 연결할 때 센서의 출력신호에 맞추어 연결하여 제어해야 한다. 디지털 신호가 출력되는 센서는 디지털 입력 핀에 연결하고 아날로그 출력이 되는 센서는 아날로그 입력단자(A0～A5)에 연결하여 사용하면 된다.

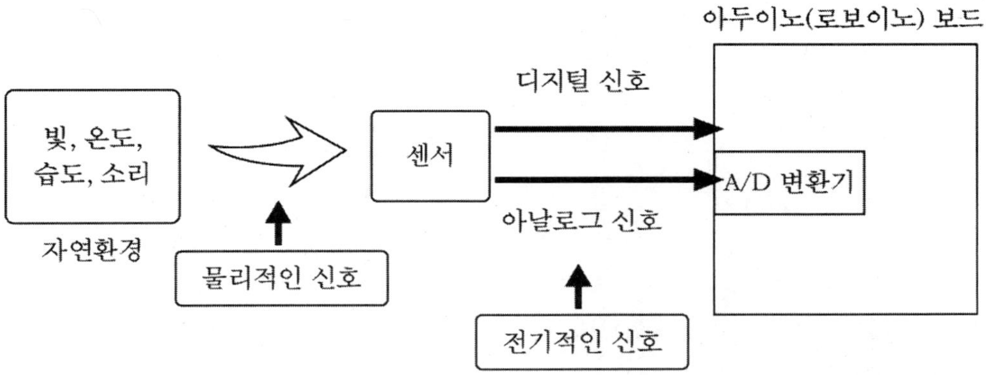

그림 11.2 아두이노의 센서 입력의 개념

11.2 빛 감지(CDS) 센서 제어

빛 감지 센서는 빛의 밝기에 따라서 저항 값이 변하는 소자로서 가변저항과 같은 성격을 가지고 있다. 주위가 밝아지면 CDS의 저항 값이 줄어들고 빛이 어두워지면 CDS의 저항 값이 커지는 특징을 가지고 있다. 그림 11.3은 CDS 센서의 외형을 보여주고 있다. 저항 값의 크기에 따라서 다양한 종류가 있기 때문에 구입할 때 저항 값에 따라서 구입하면 된다.

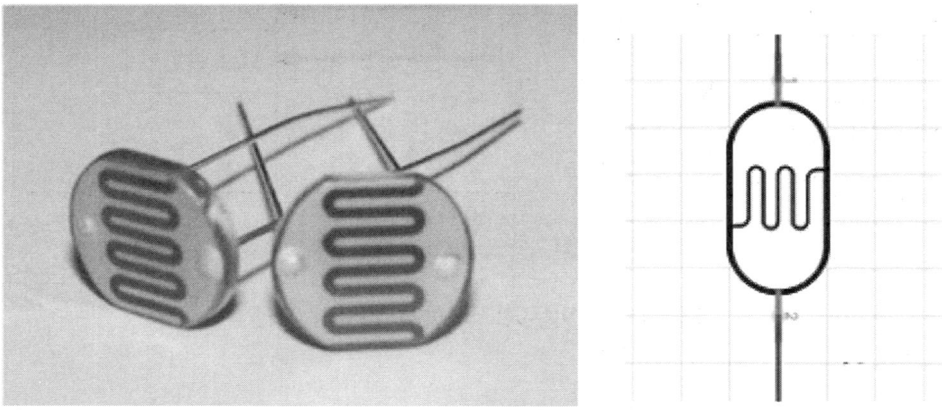

그림 11.3 CDS 외형과 회로 심볼

센서가 저항이기 때문에 하나의 저항을 직렬로 연결해서 전압을 분배하면 저항 값의 변화에 따라 전압변화를 만들어 낼 수 있기 때문에 아두이노의 아날로그 입력 포트(A0~A5)에 입력을 받아서 처리하면 된다. 그럼 이제 CDS 센서의 실험을 하기 위하여 준비물을 준비하여 보도록 하자.

[준비물]

- 브레드보드 1개
- 아두이노 보드 1개
- 5파이 RED LED 1개
- 저항(330오음) 1개
- 저항(10K오음) 1개
- CDS 센서 1개

[회로 제작]

CDS 센서는 빛의 밝기에 따라서 저항 값이 변하기 때문에 일반 저항과 직렬로 연결하여 회로를 구성하면 된다. 직렬로 연결한 후에 저항 쪽에는 +5V 전원을 연결하고 CDS쪽은 GND에 연결하면 된다. 연결한 후에 저항과 CDS 사이에 연결된 선을 아두이노의 아날로그 입력 단자 A0~A5에 연결하면 된다. 여기에서는 A0에 연결해서 실험하여 보도록 하자.

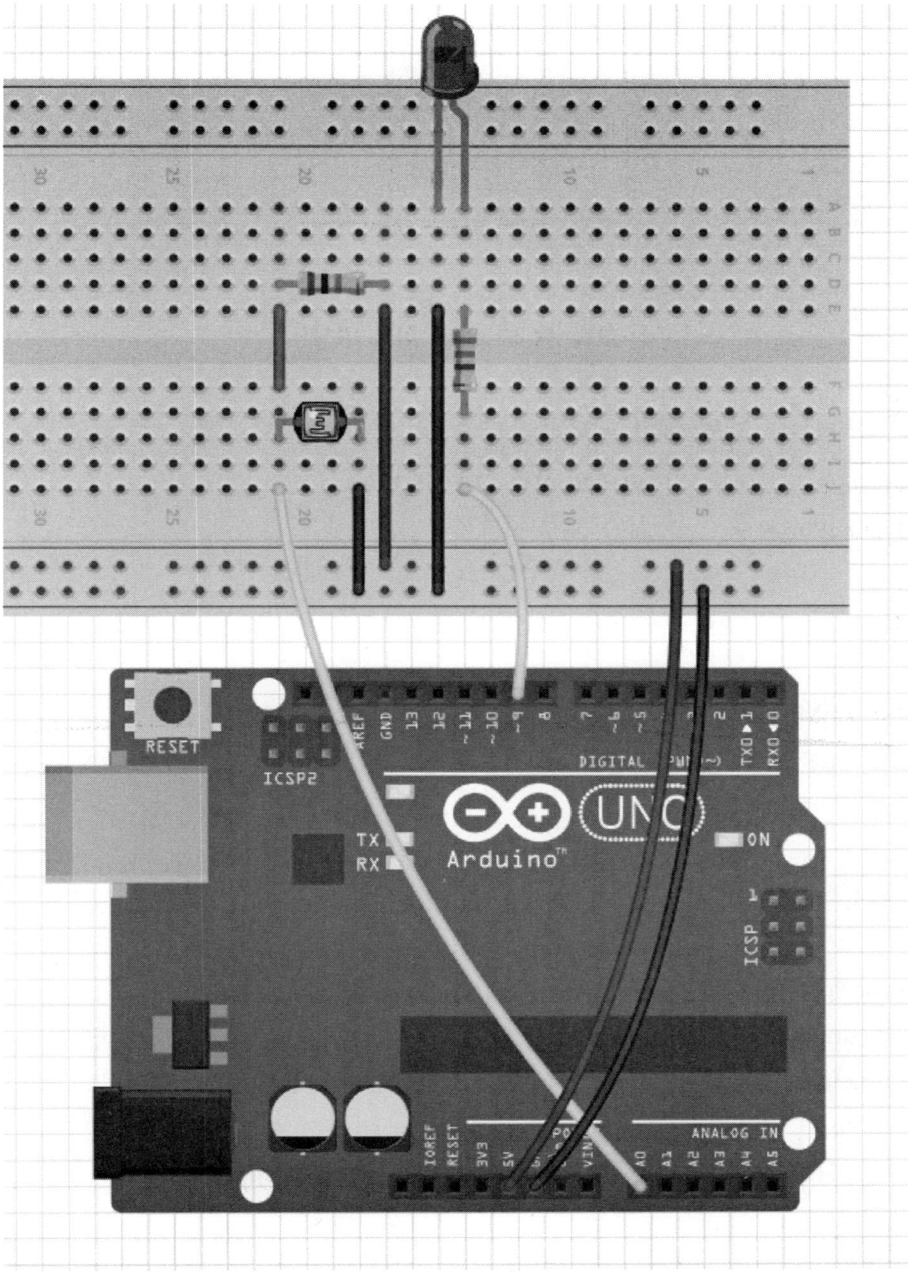

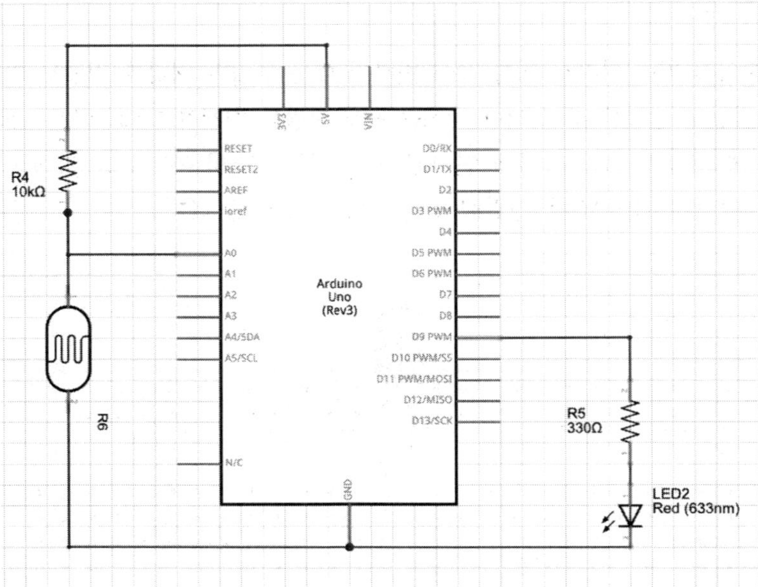

그림 11.4 CDS 회로 구성

[실험] CDS 아날로그 입력 제어

```
int analogInPin = A0;    // 센서의 입력 포트 설정
int analogOutPin = 9;    // LED 포트

void setup()
{
  Serial.begin(9600);  // 시리얼 통신 속도 설정
  PinMode( analogOutPin, OUTPUT );  // 포트 출력으로 설정
}

void loop()
{
  int sensorValue = analogRead(analogInPin); // 아날로그 입력
  Serial.println(sensorValue);                // 아날로그 입력 값 PC로 전송
  analogWrite(analogOutPin, sensorValue/2);   // 아날로그 입력 값을 PWM 값으로 설정하여 
9핀 LED 제어
  delay(20); // 빛의 밝기 지연 시간 설정
}
```

```
int analogInPin = A0;
  // 아날로그 입력 A0로 설정.

int analogOutPin = 9;
  // PWM출력하기 위한 핀 설정 → LED 포트.

void setup()
{
Serial.begin(9600);  // 시리얼 통신 속도 설정
PinMode( analogOutPin, OUTPUT );  // 포트 출력으로 설정
}

void loop()
{
int sensorValue = analogRead(analogInPin);
  // A0로 입력된 아날로그 신호를 0~1024 값으로 변환해서 sensorValue 변수에 저장.

Serial.println(sensorValue);
  // A0로 입력된 아날로그 입력 값을 PC로 전송하여 시리얼 모니터링 수행.

analogWrite(analogOutPin, sensorValue/2);
  // 아날로그 입력 값을 2로 분할해서 PWM 값으로 설정한다. PWM 값은 0~255 값으로 설정해
야한다.

delay(20);
  // 빛의 밝기 지연 시간 설정.
 }
```

11.3 적외선 센서 제어

적외선 센서는 발광부와 수광부로 구성되어 있으며 발광부가 빛을 발광해서 반사되어오는 빛을 수광부에서 수신하여 물체의 거리 측정이나 유무를 검사하는 용도로 사용된다. 적외선 센서의 종류는 많이 있으나 여기에서는 Sharp 사에서 제공하는 GP2Y 시리즈와 로보이노에서 제공하는 적외선 모듈에 대해서 알아보자. Sharp 사에서는 다양한 형태의 적외선 모듈을 제공하고 있으나 본 실험에서는 GP2Y0A41SK를 사용하여 보도록 하겠다. 그림 11.5는 GP2Y0A41SK 적외선 센서와 일반적으로 많이 사용되고 있는 적외선 모듈(EL-1K, ST-1K)의 외형을 보여주고 있다. GP2Y0A41SK는 4cm~30cm의 거리를 측정할 수 있으며 신호 출력은 아날로그 신호가 출력된다. 출력전압범위는 0.4V~3.2V의 전압이 출력되기 때문에 아두이노의 아날로그 입력(A0~A5)에 연결하면 된다.

(a) GP2Y0A41SK

(b) 일반 적외선 모듈

그림 11.5 Sharp 사의 GP2Y0A41SK와 일반 적외선 모듈

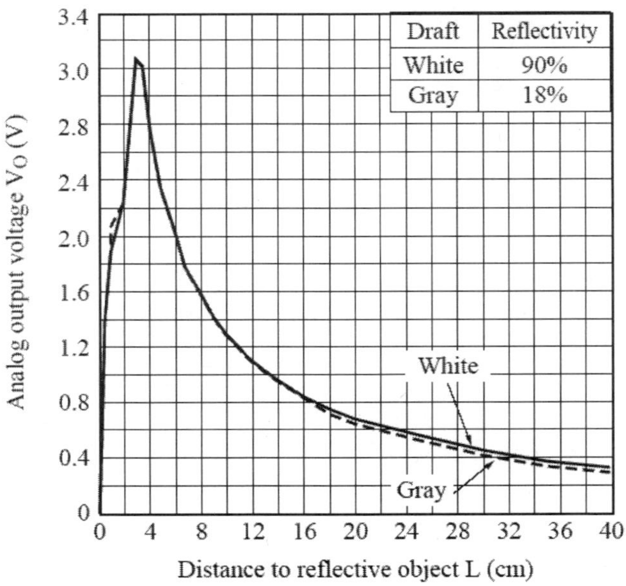

그림 11.6 Sharp 사의 GP2Y0A41SK 시리즈 출력전압 파형

[준비물]

- 브레드보드 1개
- 아두이노 보드 1개
- 5파이 RED LED 1개
- 저항(330오음) 1개
- 적외선 센서 1개

[회로 결선도]

GP2Y0A41SK의 핀 번호는 그림 11.5(a)와 같이 왼쪽부터 Signal, GNG, +5V로 되어 있기 때문에 아두이노 보드와 전원을 연결한 후에 Signal 단자를 아두이노 아날로그 입력단자 중 A0에 연결하면 된다. 센서의 거리에 따라 포트 9에 PWM 신호를 출력하여 센서가 감지되는 거리에 따라서 LED 불의 밝기가 변화하게 하여 보자.

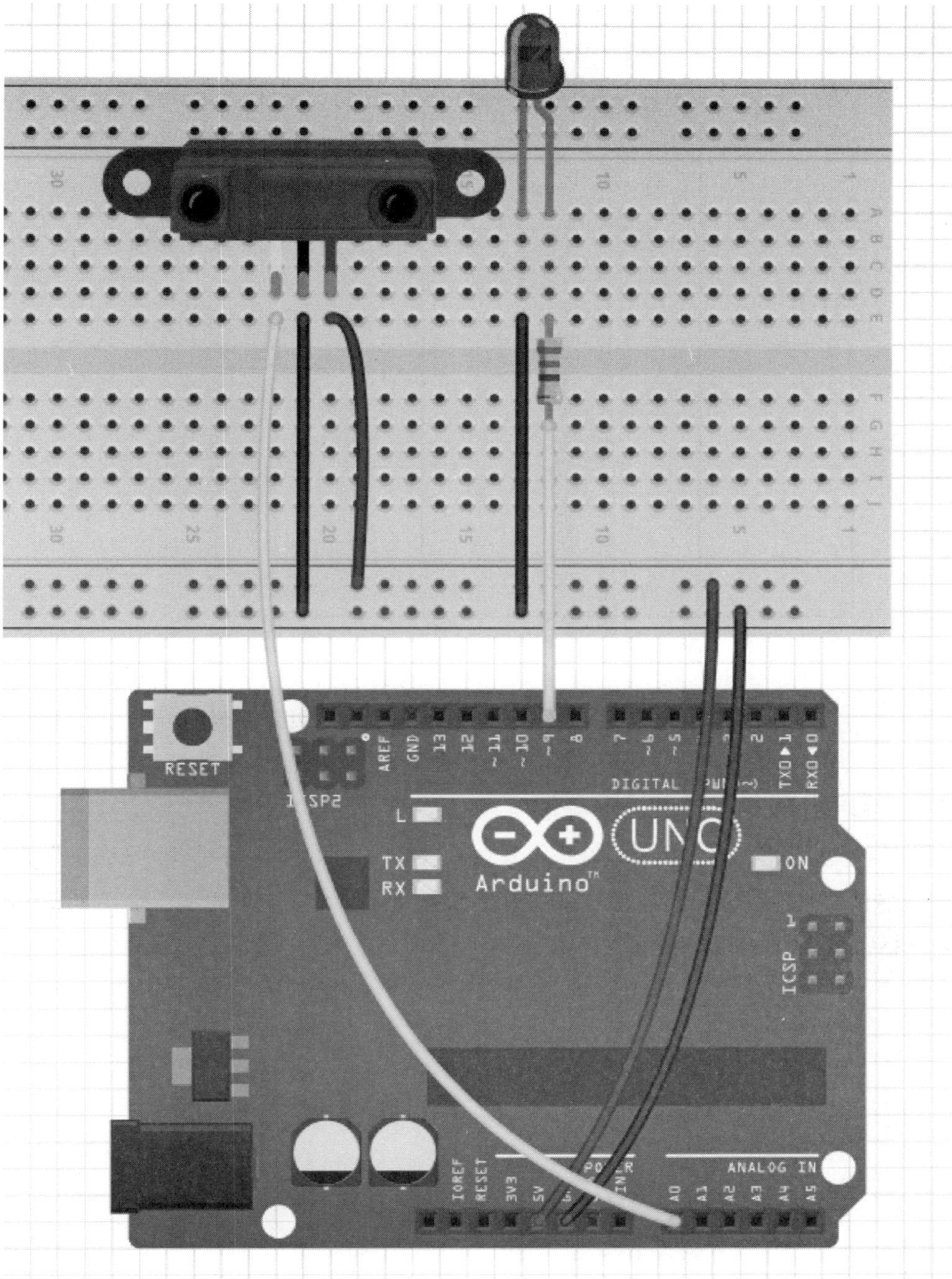
RESET
AREF
GND
13
12
~11
~10
~9
8
7
~6
~5
2
TX▶1
RX◀0
DIGITAL
L
TX
RX
Arduino
UNO
ON
ICSP
IOREF
RESET
3V3
5V
ANALOG IN
A0
A1
A2
A3
A4
A5

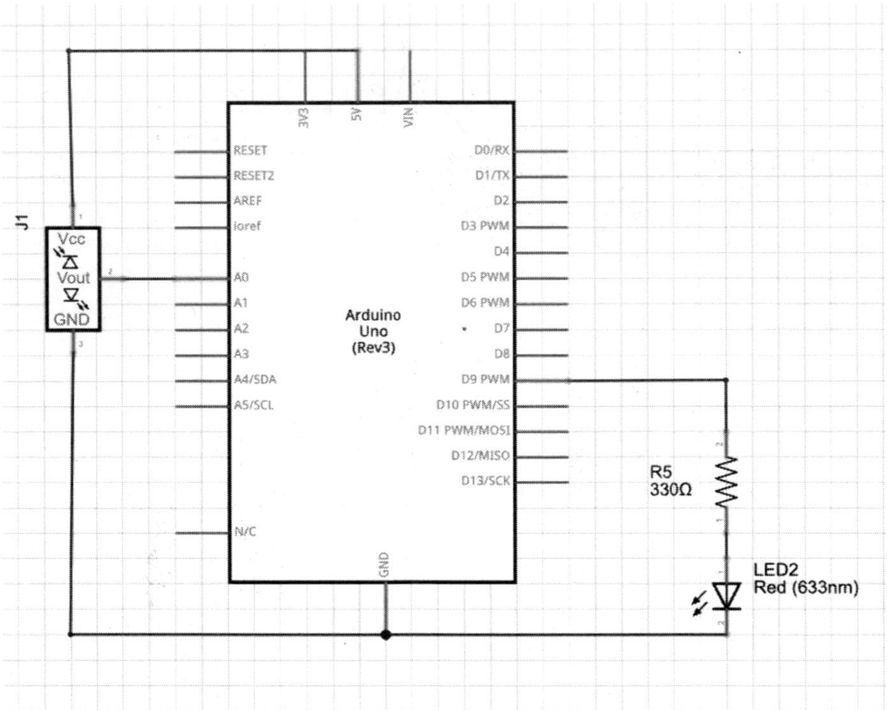

그림 11.7 적외선 센서의 아날로그 입력 회로 구성

[적외선 센서입력으로 LED 출력 프로그램]

CDS 센서 실험과 같이 아날로그 입력을 받아서 PWM 신호를 변하게 해서 LED의 밝기를 조정하는 것이기 때문에 앞에서 실험한 것과 같이 프로그램을 사용하면 된다. 프로그램을 컴파일한 후에 업로드하여 동작을 확인하여 보자.

11.4 초음파 센서 제어

초음파 센서는 장애물의 거리를 측정하거나 물체가 움직이는 것을 감지할 때 주로 사용된다. 초음파 센서는 음파를 송신하는 송신부와 물체에 음파가 반사되어 돌아온 것을 수신하는 수신부로 구성되어 있다. 송신부와 수신부와 이를 동작시키기 위한 회로도를 모듈로 구성하여 제공하고 있다. 그림 11.8과 그림 11.9에 있는 초음파 센서 모듈은 시중에서 쉽게 구입이 가능한 모듈형태의 초음파 센서들이다. SRF05는 가격이 조금 높지만 성능이 뛰어나며 HC-SR04는 가격이 저렴하지만 성능을 보장할 수는 없기 때문에 주로 실험용으로 많이 사용하고 있다. 어떤 것을 사용해서 실험해도 상관은 없기 때문에 독자의 판단에 따라서 준비하면 될 것이다.

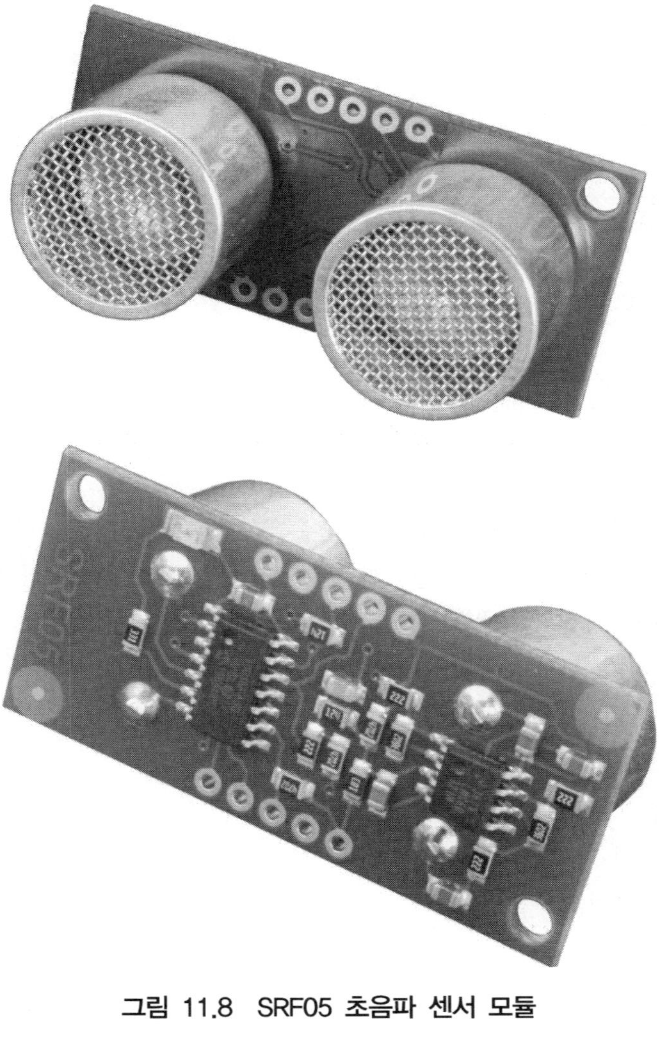

그림 11.8 SRF05 초음파 센서 모듈

그림 11.9 HC-SR04 초음파 센서 모듈

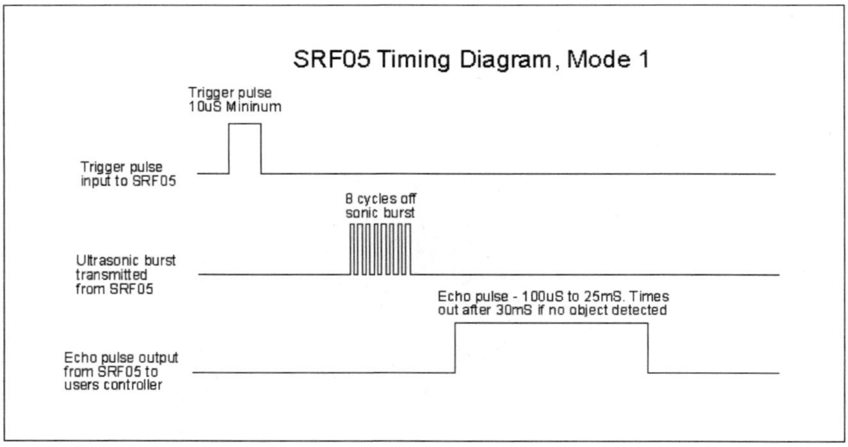

그림 11.10 초음파 센서의 거리 측정 펄스

초음파의 동작은 그림 11.10과 같이 Trig 단자에 10us의 펄스를 주고 Echo 단자에 반사되어 들어오는 펄스의 폭에 따라 거리를 측정하게 된다. 거리에 따른 펄스폭의 변화는 100μS에서 25mS 까지 변하기 때문에 펄스폭의 변화를 측정하여 거리를 측정하게 된다. 준비물을 준비하여 실험을 수행하여 보자.

[준비물]

- 브레드보드 1개
- 아두이노 보드 1개
- 5파이 RED LED 1개
- 저항(330오음) 1개
- 초음파 센서 모듈 1개

[회로 결선도]

초음파 센서를 실험하기 위하여 그림 11.11과 같이 회로를 구성하여 보자. 초음파 센서의 전원과 아두이노 보드의 VCC, GND를 연결하고 Trig, Echo는 아두이노 보드의 포트 7, 8번에 각각 점퍼를 이용하여 연결하면 된다. 초음파 센서의 거리 값을 인식하여 시리얼 모니터에 거리를 출력하여 보도록 하자.

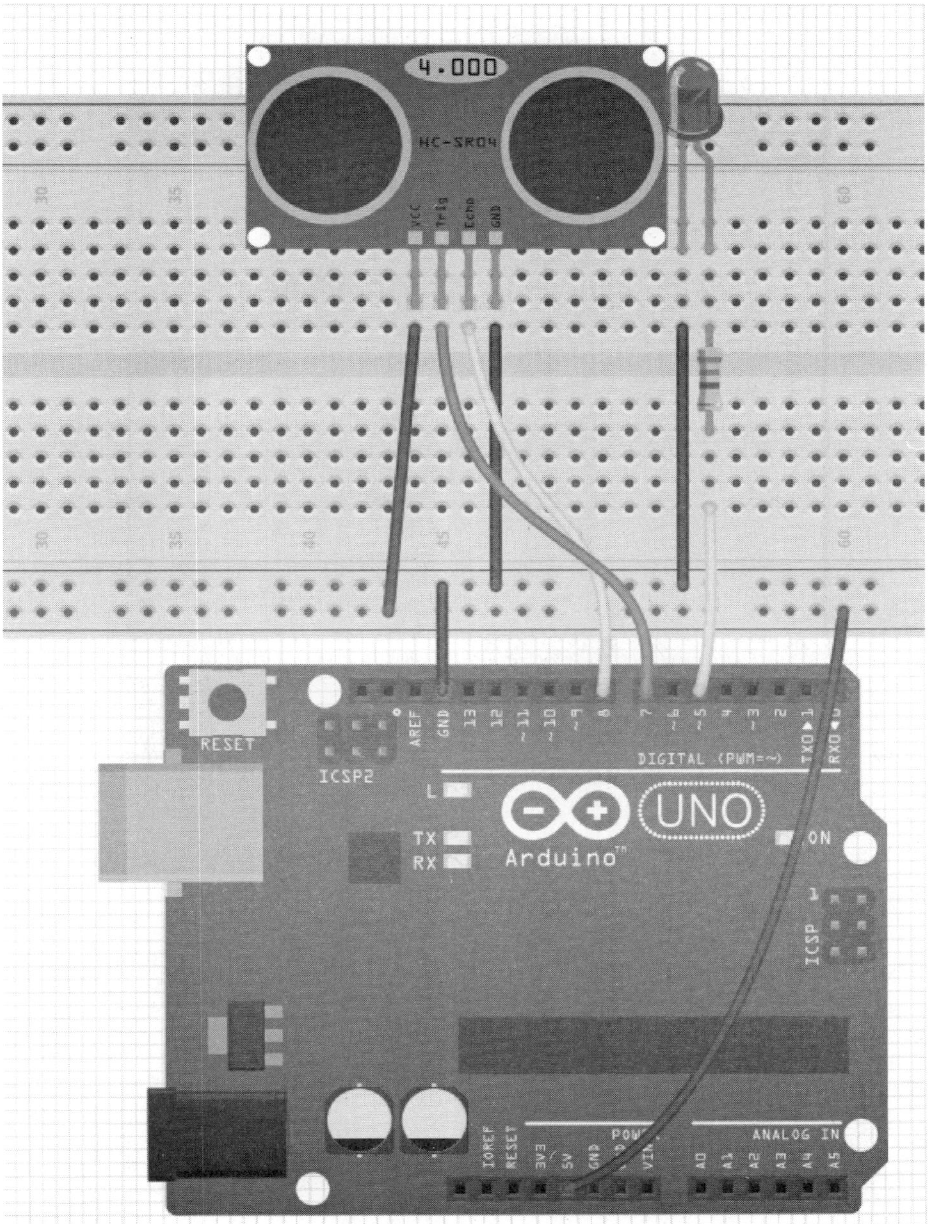

그림 11.11 SRF05 초음파 센서 회로 구성도

[초음파 센서 값을 시리얼 모니터에 표시]

아두이노 개발환경에서 초음파 센서 샘플 예제를 불러와서 실험하여 보자. 그림 11.12와 같이 Sensors → Ping의 예제를 불러온다. 본 예제는 초음파 센서의 Trig핀을 통해서 송신 신호를 송신하고 수신하여 거리 값을 시리얼 모니터에서 확인하는 프로그램이다. 컴파일을 수행한 후에 업로드하고 시리얼 모니터를 실행하여 터미널 프로그램에서 확인해보자.

그림 11.12 초음파 센서 프로그램 열기

```
const int pingPin = 7;
const int trigPin = 8;

void setup() {
  // initialize serial communication:
  Serial.begin(9600);
  pinMode(pingPin, INPUT);
  pinMode(trigPin, OUTPUT);

}

void loop()
{
  long duration, inches, cm;

  digitalWrite(trigPin, LOW);
  delayMicroseconds(2);
  digitalWrite(trigPin, HIGH);
  delayMicroseconds(10);
  digitalWrite(trigPin, LOW);

  duration = pulseIn(pingPin, HIGH);
  // convert the time into a distance
  inches = microsecondsToInches(duration);
  cm = microsecondsToCentimeters(duration);
  Serial.print(inches);
  Serial.print("in, ");
  Serial.print(cm);
  Serial.print("cm");
  Serial.println();
  delay(100);
}
long microsecondsToInches(long microseconds)
{
  // According to Parallax's datasheet for the PING))), there are
  // 73.746 microseconds per inch (i.e. sound travels at 1130 feet per
  // second).  This gives the distance travelled by the ping, outbound
  // and return, so we divide by 2 to get the distance of the obstacle.
  // See: http://www.parallax.com/dl/docs/prod/acc/28015-PING-v1.3.pdf
  return microseconds / 74 / 2;
}
long microsecondsToCentimeters(long microseconds)
{
  // The speed of sound is 340 m/s or 29 microseconds per centimeter.
  // The ping travels out and back, so to find the distance of the
  // object we take half of the distance travelled.
  return microseconds / 29 / 2;
}
```

constnt int pingPin = 7;

Echo 신호를 입력하기 위한 포트 설정.

constnt int trigPin = 8;

Trig 신호를 출력하기 위한 포트 설정.

Serial.begin(9600);

초음파 센서 값을 시리얼 통신으로 전송하기 위한 통신 속도 설정.

pinMode(pingPin, INPUT);

Echo 포트 입력 설정(장애물에 반사되어 오는 파를 수신하기 위하여).

pinMode(trigPin, OUTPUT);

Trig 포트 출력 설정(초음파를 출력하기 위해).

digitalWrite(trigPin, LOW);
delayMicroseconds(2);
digitalWrite(trigPin, HIGH);
delayMicroseconds(10);

트리거 펄스 High 신호를 10μS 유지.

digitalWrite(trigPin, LOW); // LOW 신호로 유지

duration = pulseIn(pingPin, HIGH);

본 함수는 pingPin 포트가 HIGH 신호가 유지되는 시간을 측정(microseconds 단위).

// convert the time into a distance
inches = microsecondsToInches (duration);
cm = microsecondsToCentimeters (duration);

측정된 시간을 거리로 변경(inch, cm).

Serial.println(inches); // 시리얼로 inch 값 전송
Serial.println("in, ");

```
Serial.println(cm);        // 시리얼로 cm 값 전송
Serial.println("cm");
Serial.println();
delay(100);

long microsecondsToInches(long microseconds)
{
  // 초음파가 장애물에 반사되어 돌아오는 시간을 거리(Inch)로 변환함.
  // inch당 73.746 microseconds임.

  return microseconds / 74 / 2;
  // 반사되어 돌아오는 시간을 계산하기 때문에 2로 나눔.

}
long microsecondsToCentimeters(long microseconds)
{
  // 초음파가 장물에 반사되어 돌아오는 시간을 거리(Cm)로 변환함.
  // cm당 29 microseconds임.

return microseconds / 29 / 2;
  // 반사되어 돌아오는 시간을 계산하기 때문에 2로 나눔.
}
```

12_스마트폰으로 무선 통신 (블루투스)

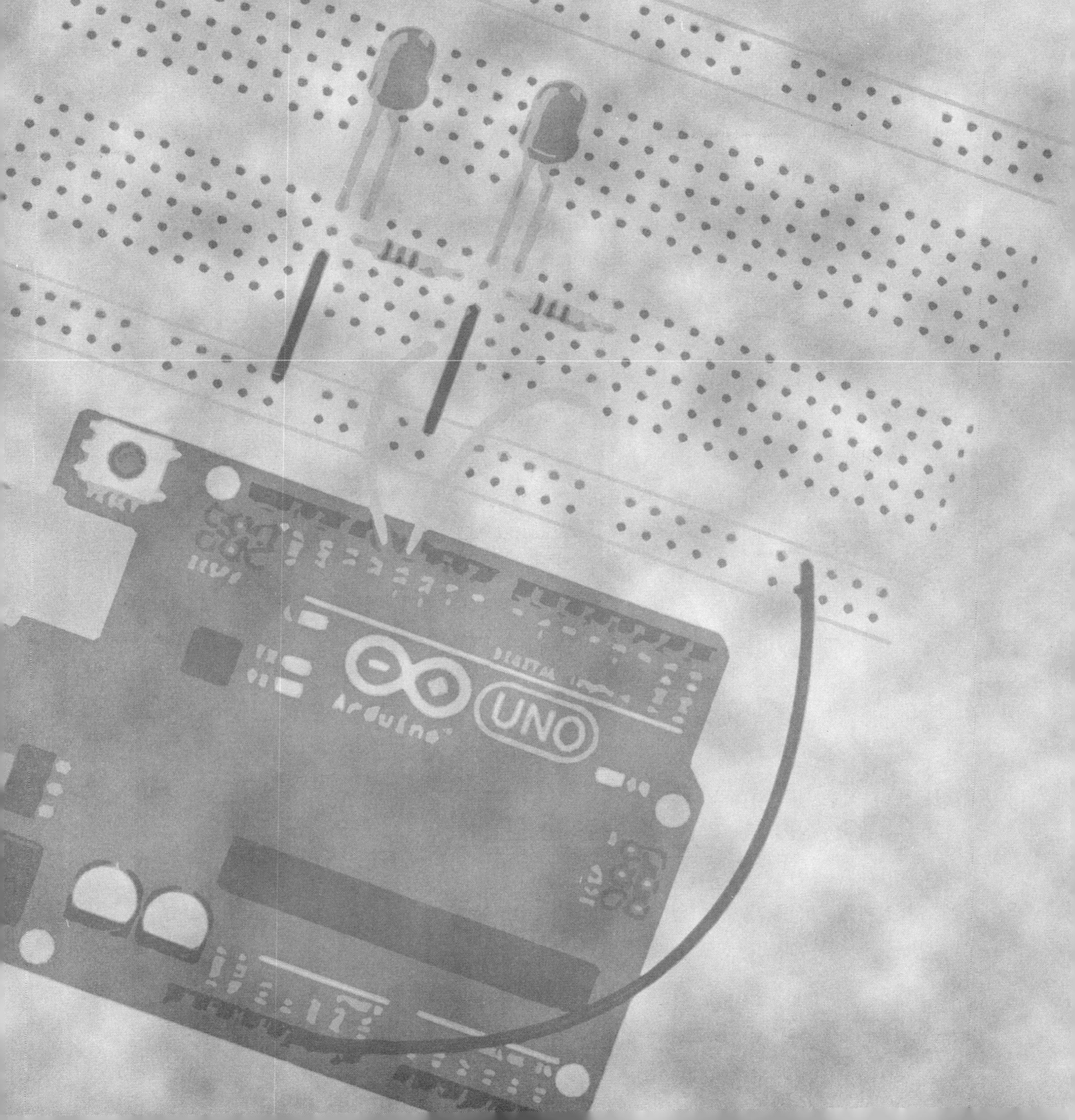

12.1 블루투스 통신이란?

블루투스란 휴대용 장치간의 양방향 근거리통신을 복잡한 케이블이 없이 저 가격으로 구현하기 위한 근거리 무선통신 기술, 표준, 제품을 총칭하는 용어이다.

블루투스는 저렴하면서 크기가 작고 전력소모(100mW)가 작기 때문에 이동통신 단말기나 이어폰, 휴대용 PC등에 널리 사용되고 있으며 주변장치들 간 10cm~100m 내의 짧은 간격에서 무선통신이 연결되기 때문에 편리하게 사용되고 있다. 블루투스는 2.4GHz 대역의 주파수를 사용하고 있으며 우리 주변에서 많이 사용되고 있는 무선 데이터 통신이다. 특히, 스마트폰, 이어폰, 노트북 컴퓨터, 게임기, 디지털 카메라, 프린터, 가정용 네트워크 장치 등에 다양한 용도로 연결해서 사용되고 있다.

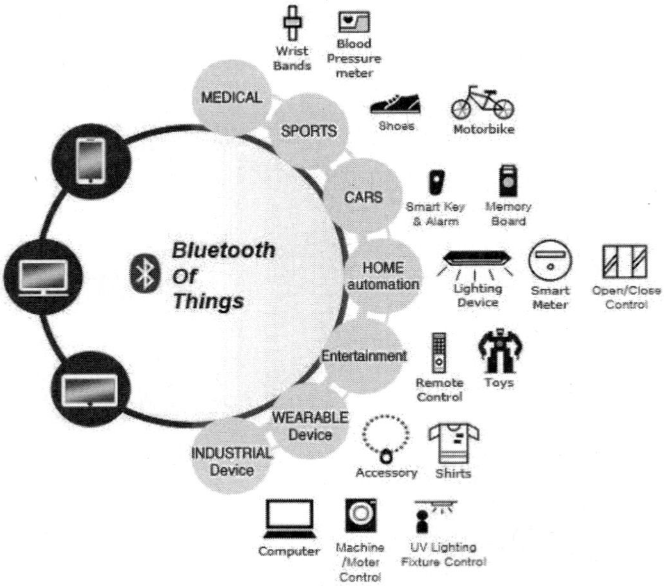

그림 12.1 Bluetooth 적용 분야

컨트롤러 적용

* 전기제품 - 등기구, 전등스위치 환풍기, 자동 창문
* 장난감 - 무선 완구, 드론, 로봇
* 가전제품 - 선풍기, 에어컨, 냉장고
* 특수 분야 - 자외선램프 제어기

비콘 형 응용

* 소형 장치 - 귀중품 도난 경보, 미아방지, 애견분실방지
* 블루투스 맵
* 근거리 무선 센서
* 카 메이트
* 메모리 보드

산업 분야 응용

* 건물이나 전시관 등의 블루투스 맵 구성 및 램프 관리
* 홈 오토메이션
* 농업분야 - 유리온실 제어기, 비닐하우스 제어기, 저온창고 제어기

12.2 블루투스 통신 모듈

블루투스의 기능을 사용하기 위해서는 블루투스 통신 모듈 형태로 제공되고 있다. 회사마다 모듈의 사이즈, 기능에 따라서 다양하게 모듈들이 존재한다. 그중에 HC-05, HC-06 모듈에 대해서 알아보자. 그림 12.2는 HC-06 블루투스 모듈의 외형을 보여주고 있다. 4개의 핀으로 구성되어 있고 두 개는 전원(VCC, GND)이며 두 개는 RXD, TXD 단자로서 아두이노의 통신 포트에 연결하면 된다.(HC-05와 HC-06은 설정하는 방식이 서로 다르기 때문에 자세한 사용 설명서를 참고하기 바란다.)

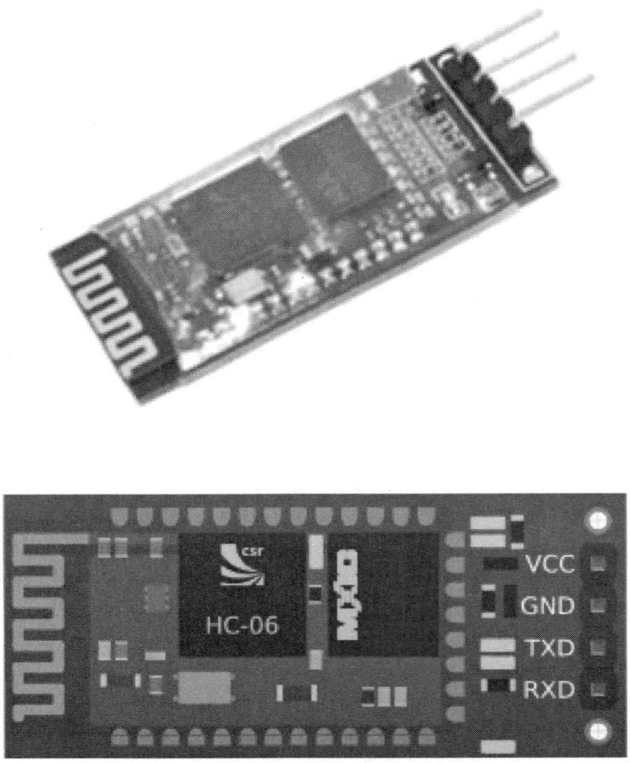

그림 12.2 블루투스 모듈

모듈 특징 :

```
- Bluetooth V2.0
- 동작전압 3.3V
- Baud Rate 1200, 2400, 4800, 9600, 19200, 38400, 57600, 115200
- 동작전류  40mA
- 대기전류 1mA이하
- 초기출하상태의 설정
  Mode : Slave mode
  Baud Rate :  9600 Baud Rate
  Serial : N, 8, 1
  NAME : HC06
  PIN CODE : 1234
```

모듈의 설정 변경 및 상태 확인은 AT 명령어를 이용하여 확인 및 변경이 가능하며 다음과 같은 방법으로 설정하면 된다. 모듈은 기본적으로 9600bps의 통신 속도로 설정되어 있기 때문에 혹시 통신 속도를 변경할 경우에는 모듈의 기본 설정을 변경하도록 하자. 더욱 자세한 내용은 http://cafe.naver.com/roboino에 자세하게 설명되어 있으니 참고하도록 하자.

```
"AT+BAUD1"  = Baud Rate 1200
"AT+BAUD2"  = Baud Rate 2400
"AT+BAUD3"  = Baud Rate 4800
"AT+BAUD4"  = Baud Rate 9600
"AT+BAUD5"  = Baud Rate 19200
"AT+BAUD6"  = Baud Rate 38400
"AT+BAUD7"  = Baud Rate 57600
"AT+BAUD8"  = Baud Rate 115200

"AT+NAMEdevicename"  = 원하는이름으로 변경
"AT+PINxxxx"  = 원하는 PIN CODE로 변경
```

12.3 스마트폰으로 LED 제어

안드로이드 스마트폰에서 LED를 제어하는 실험을 수행하여 보자. 우선 블루투스 통신을 위한 스마트폰의 어플이 필요하다. 관련 어플은 저자의 네이버 카페(roboino)에 들어가서 apk 파일을 다운받아서 폰에 설치하도록 하자. 그리고 HC-06 블루투스 모듈을 이용하여 아두이노 보드와 연결하고 아두이노 보드에 LED 제어를 위한 회로를 구성하여 보자.

[준비물]

- 브레드보드 1개
- 아두이노 보드 1개
- 5파이 RED LED 1개
- 저항(330오음) 1개
- HC-06 블루투스 모듈 1개
- 점퍼 케이블 5개

[회로 결선도]

블루투스 모듈 실험을 위하여 그림 12.3과 같이 블루투스 모듈과 LED를 점퍼 선으로 연결하도록 하자. 블루투스 모듈의 TXD 단자를 아두이노의 D2번에 연결하고 RXD 단자를 D3번에 연결하면 된다. 그리고 전원 VCC 단자를 5V에 연결하고 GND단자를 아두이노의 GND 단자에 연결하면 된다.

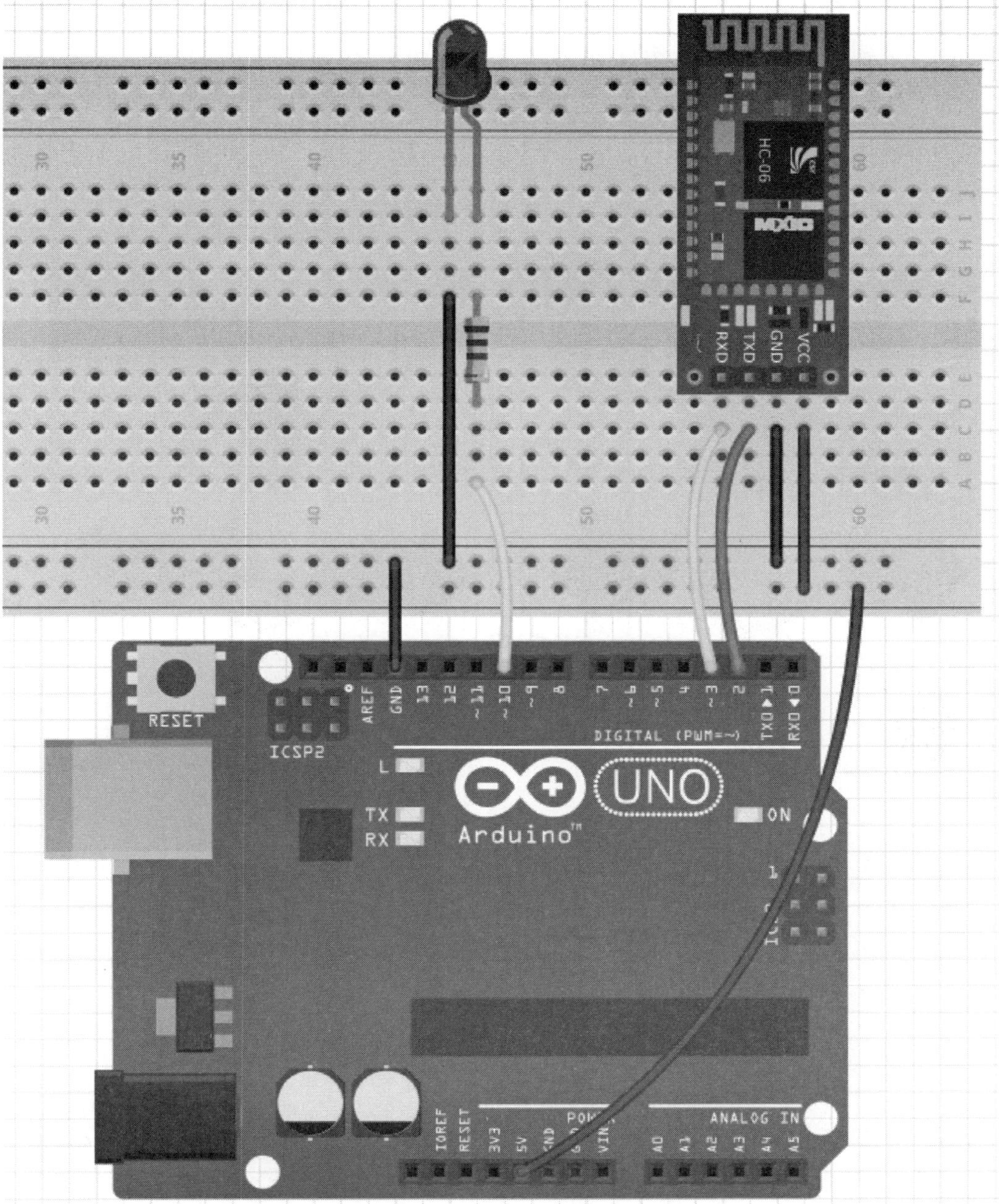

그림 12.3 블루투스 회로 결선도

[스마트폰에서 LED 제어 프로그램]

아두이노 스케치에서 예제 소스를 불러 와서 다음과 같이 수정하여 실험해보자. 본 프로그램 스마트폰의 블루투스을 통해서 HC-06과 연결하고 스마트폰에 실행된 리모컨 어플에서 1과 2의 숫자 데이터를 보내서 아두이노 보드가 데이터를 받고 받은 데이터에 따라서 포트에 연결되어 있는 LED를 제어하는 프로그램이다.

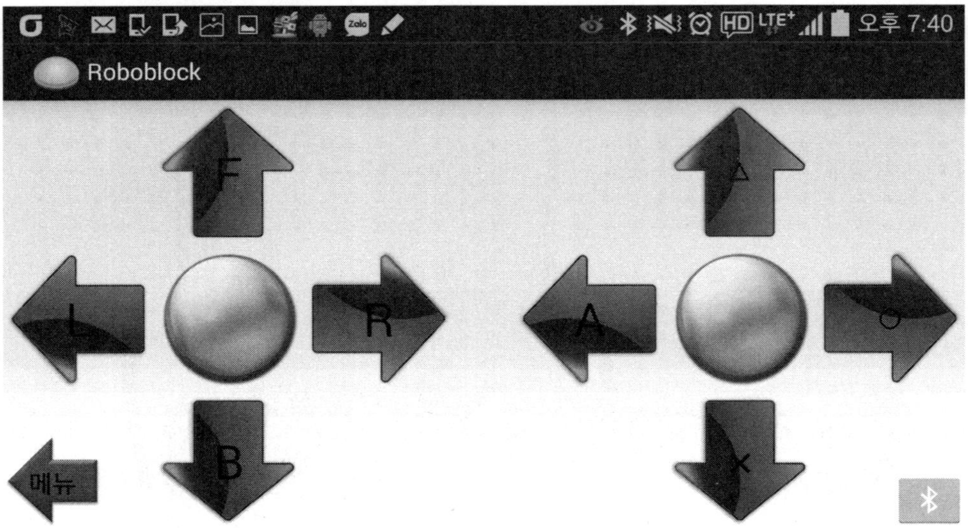

그림 12.4 스마트폰 어플 화면

```
#include <SoftwareSerial.h>

int zigbeeTx = 2;
int zigbeeRx = 3;
int led = 10;

SoftwareSerial mySerial(zigbeeTx, zigbeeRx); // RX, TX

void setup()
{
  // Open serial communications and wait for port to open:
  Serial.begin(9600);
  while (!Serial) {
    ; // wait for serial port to connect. Needed for Leonardo only
  }
  Serial.println("Goodnight moon!");
  // set the data rate for the SoftwareSerial port
  mySerial.begin(9600);
  mySerial.println("Hello, world?");
  pinMode(led, OUTPUT);
}
void loop() // run over and over
{ char dat;
  char i;
  if (mySerial.available())
   dat = mySerial.read();
   Serial.printIn(dat);

   switch(dat){
   case  '1':  Serial.printIn("LED ON");
               digitalWrite(led, HIGH);
               break;
   case  '2':  Serial.printIn("LED OFF");
               digitalWrite(led, LOW);
               break;
      default: break;
   }

 }
```

```
switch(dat){
case  '1' :  Serial.println("LED ON");     // 수신된 데이터가 0×01 이면 LED ON
          digitalWrite(led, HIGH);
          break;
case  '2' :  Serial.println("LED OFF");    // 수신된 데이터가 0×02 이면 LED OFF
          digitalWrite(led, LOW);
          break;
   default: break;
}
```

※ 참고 : 안드로이드 어플을 설치한 다음에 블루트스 페어링 작업을 수행하여야 한다. 그래야 스마트폰과 HC-06 모듈 사이에 통신할 수 있게 된다. 페어링이 완료되면 HC-06 모듈에 있는 LED가 ON/OFF 동작 중에 있다 정지하게 된다. LED가 정지하게 되면 페어링이 완료된 상태이다. 그러나 ON/OFF를 계속 반복하게 되면 스마트폰과 연결이 안 된 상태이기 때문에 통신이 되지 않는다.

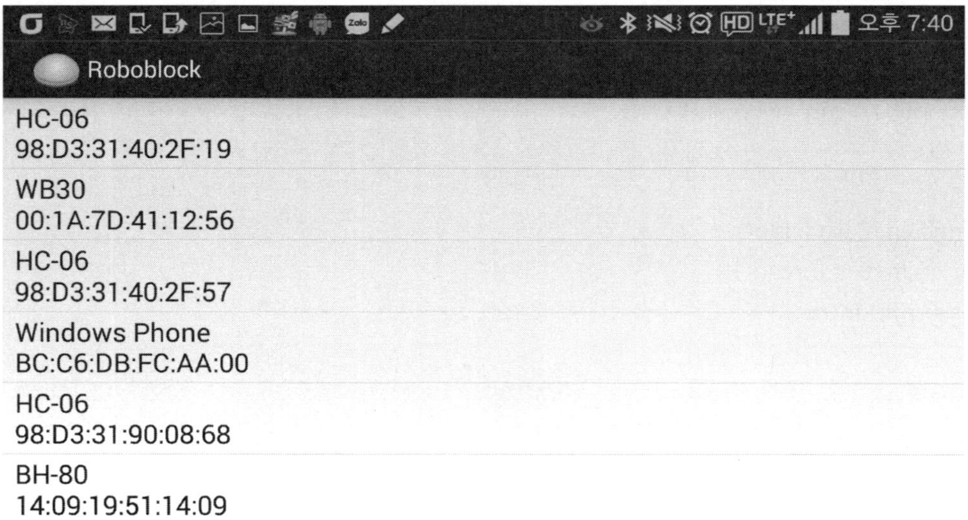

그림 12.5 HC-06 블루투스 페어링 화면

13_아두이노 라인트레이서 로봇 제작

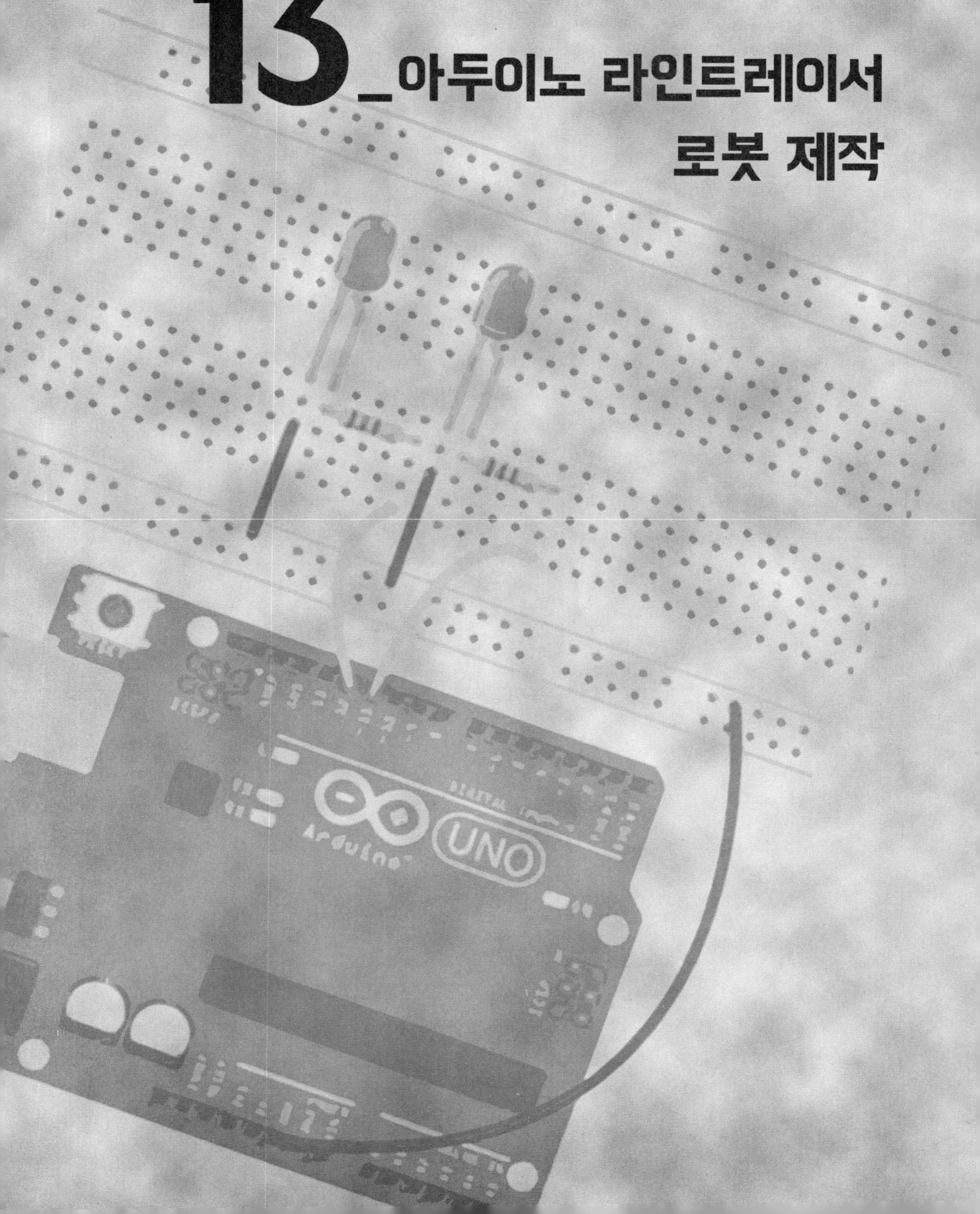

라인 트레이서란 바닥 면에 존재하는 검정색 라인을 따라가는 로봇을 말한다. 사진 13.1은 아두이노 라인 트레이서의 외형도를 나타내고 있으며, 이 제품은 (주)로보블럭시스템사에서 제작 키트로 제공하는 상품 로봇이다. 이 로봇의 특징은 로봇의 바닥 면에 있는 적외선 센서가 바닥의 검정 라인을 인식하고 DC모터의 속도를 조절하여 검정색 라인을 따라가게 아두이노 프로그램이 되어 있다.

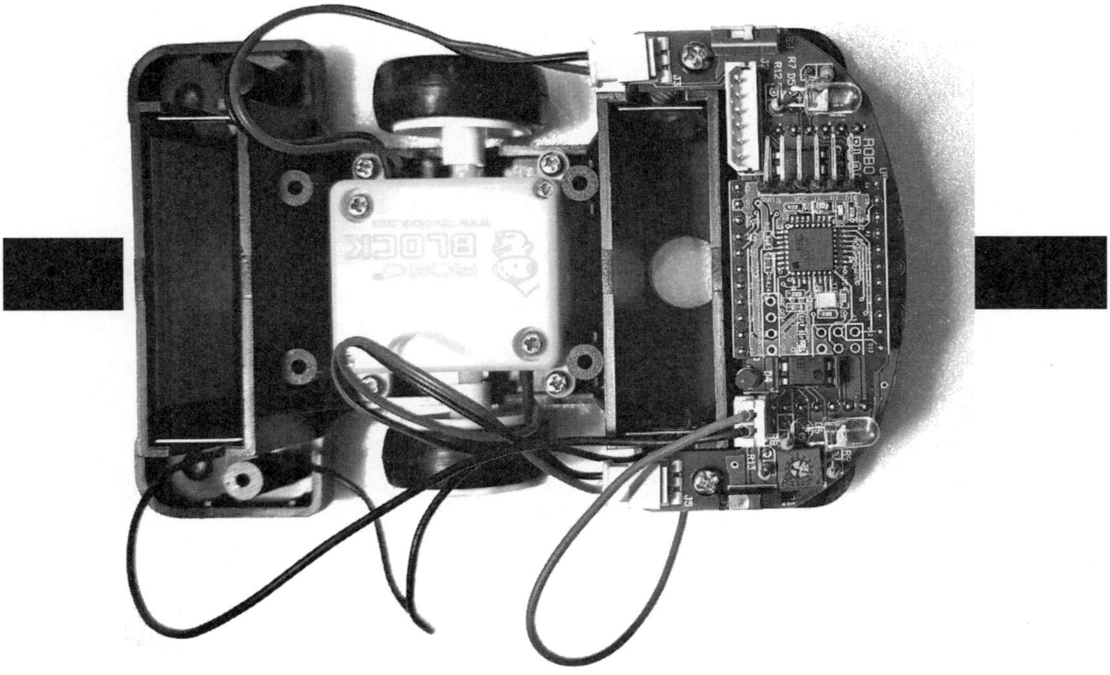

그림 13.1 아두이노 라인 트레이서의 외형도

13.1 아두이노 라인트레이서의 구동원리

라인트레이서는 검정 라인과 흰색의 바닥면만 있으면 주행을 할 수 있는 로봇이다. 바닥면에 3조의 적외선 센서 모듈이 있으며, 빛을 발광하고 반사된 신호나 반사가 안 된 신호를 감지하여 검정색 라인의 위치를 인식하게 된다. 검정색은 빛의 흡수가 있기 때문에 반사가 안 되고 흰 바닥은 빛의 반사가 일어나기 때문에 검정색 라인을 인식하게 된다.

라인트레이서에 사용되는 적외선 센서는 크게 일정한 빛을 발산만 하는 발광부 센서와 발광부 센서에서 발산된 빛을 받아들이기만 하는 수광부 센서로 이루어져 있다. 이들은 서로가 극성이 존재하기 때문에 유념하여 사용하여야 한다. 그림 13.2는 발광부 센서와 수광부 센서의 외형도와 각각에 대한 회로 기호를 나타내고 있다.

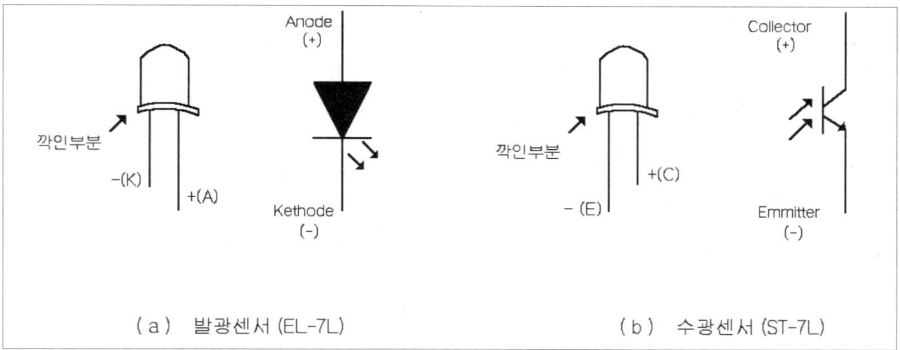

그림 13.2 발광부 센서와 수광부 센서의 형태와 기호

그림 13.3에서는 발광부 센서와 수광부 센서를 바닥면으로 향하도록 고정하고 발광부를 발광시킨 후 수광 센서에서 빛을 받아들이는 과정을 나타내고 있다. 그림 13.3(a)와 같이 바닥면이 흰색으로 이루어져 있다면 적외선 센서는 발광센서에서 빛이 나와서 바닥면에 빛이 반사가 되고, 이 반사된 적외선 빛은 수광부에 의해서 받아들이게 된다. 그러나 그림 13.3(b)와 같이 검정색의 바닥면으로 이루어져 있다면, 빛이 검정부분에 흡수되어서 반사가 이루어지지 않기 때문에 수광부에서는 아무 빛도 받아들이지 않게 되는 것이다.

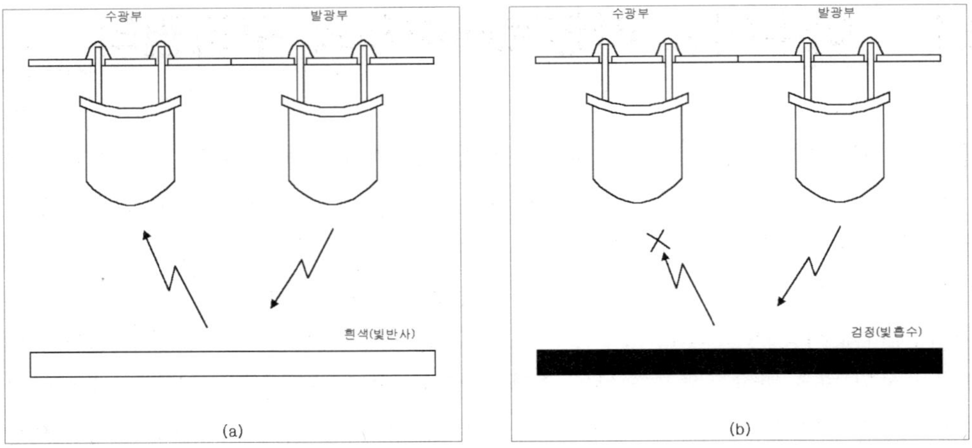

그림 13.3 적외선센서의 반사원리

이제, 라인 트레이서에 대한 기본 동작 원리를 알아보도록 하자. 적외선 센서가 그림 13.4 (a)와 같이 라인 마우스의 전면에 3개(수광수와 발광부의 쌍)가 배열되어있다. 만일 검정색 라인이 센서의 중간에 놓여 있다고 한다면, 이때 수광센서(Q1, Q2, Q3)에서 얻어진 데이터 값은 H, L, H 신호를 나타낼 것이다. 이때, 우측과 좌측에 있는 DC모터를 똑같은 속도로 회전시키면 라인트레이서는 전진으로 주행하게 된다. 전방에 있는 LED는 좌측과 우측은 OFF로 하고 중앙에 있는 LED는 ON시켜서 센서에 인식된 상태를 눈으로 확인하게 구성하였다.

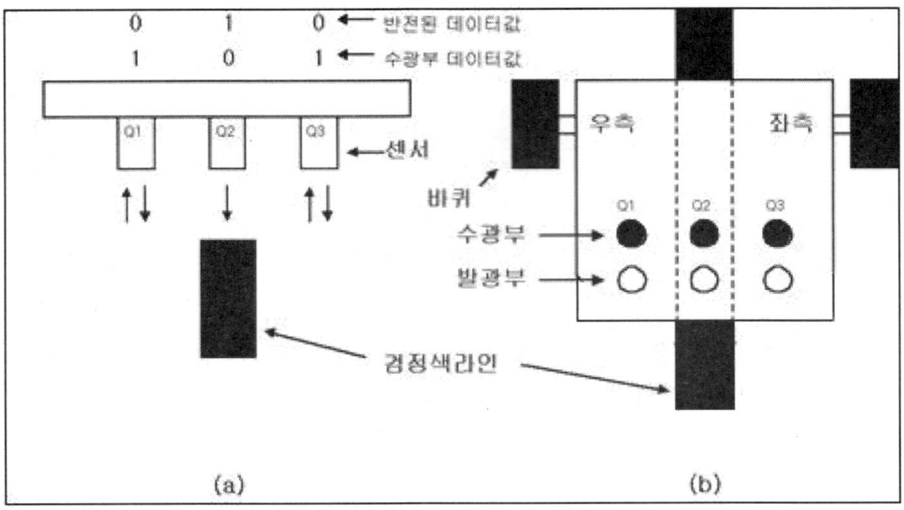

그림 13.4 라인트레이서의 중앙에 검정색 라인이 있는 경우

좌측 바퀴 쪽에 검정색 라인이 놓여 있는 경우, 적외선 센서 Q1, Q2, Q3에 얻어지는 실제 데이터 값은 H, H, L 신호가 얻어지며 우측 바퀴 쪽에 검정색 라인이 놓여 있는 경우에 적외선 센서 Q1, Q2, Q3에 얻어지는 실제 데이터 값은 L, H, H 신호가 얻어지게 된다. 이렇게 되면 검정색 라인이 감지된 쪽의 모터 속도를 높이고 반대쪽 모터의 속도를 줄이면 중앙 센서가 감지되어 안전하게 전진을 수행하게 된다. 이렇게 하여 검정색 라인만을 따라서 이동하게 되는 것이다.

라인트레이서에는 DC모터 2개가 사용되었는데 이들을 제어하기 위한 모터 드라이브는 LB1630이라는 IC를 이용하였다. LB1630은 양방향으로 모터를 구동할 수 있는 IC로서 적은 전압의 응용 분야에 사용된다.

LB1630의 특징은 낮은 전압(2.5V min)에서 동작할 수 있다는 것이다. 그림 13.5는 LB1630의 핀 번호와 사용방법에 대해서 나타내고 있다. 이들의 구동 형태는 표 13.1과 같은 형태로 입력단 IN1, IN2에 각각 "H신호", "L신호"를 인가하면 모터는 정회전(Forward)을 수행하고, "L신호", "H신호"를 인가하면 역회전(Reverse)을 수행한다. 또한, 똑같은 신호가 입력단에 인가한다면, 출력단에 신호가 OFF되어서 모터는 회전을 하지 않는다.

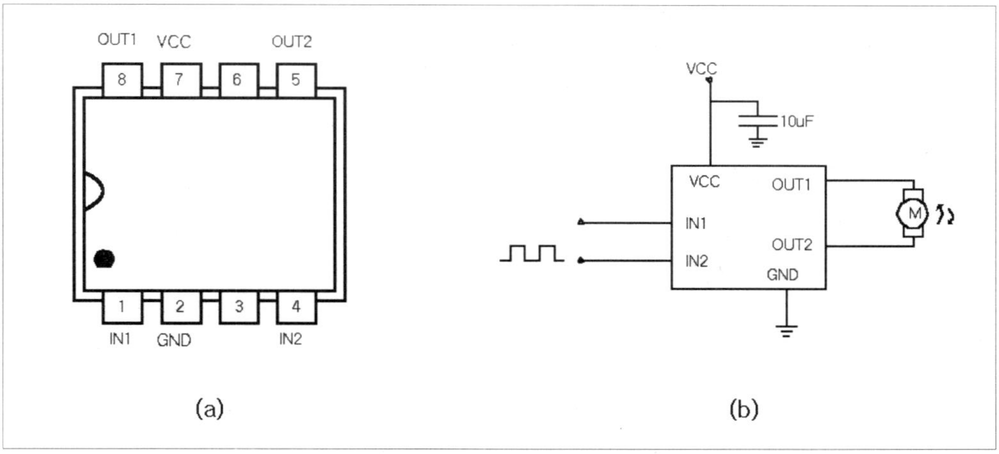

그림 13.5 DC 모터구동 드라이브(LB1630)

표 13.1 LB1630의 진리치표

IN1	IN2	OUT1	OUT2	MOTOR
H	L	H	L	Forward
L	H	L	H	Reverse
H	H	off	off	Standby
L	L	off	off	Standby

13.2 아두이노 라인트레이서의 회로도 및 조립 과정

아두이노(로보이노) mini 보드를 이용하여 라인트레이서 로봇을 제작하였다. 로봇의 바닥면에 발광부, 수광부의 모듈을 제작하여 부착하게 하였고 수광부에서 검출된 것을 눈으로 확인할 수 있도록 로봇의 전방에 LED를 장착하였다. 검출된 결과에 따라서 2개의 DC를 구동하여 움직이게 하기 위하여 2개의 LB1630 모터 드라이브를 사용하였다. 발광 다이오드의 발광이나, 수광 소자가 장애물 인식 시 발생하는 신호를 High, Low 신호로 명확하게 출력하기 위해 쉬미트 트리거가 있는 NOT 게이트인 74HC14를 사용하였다.

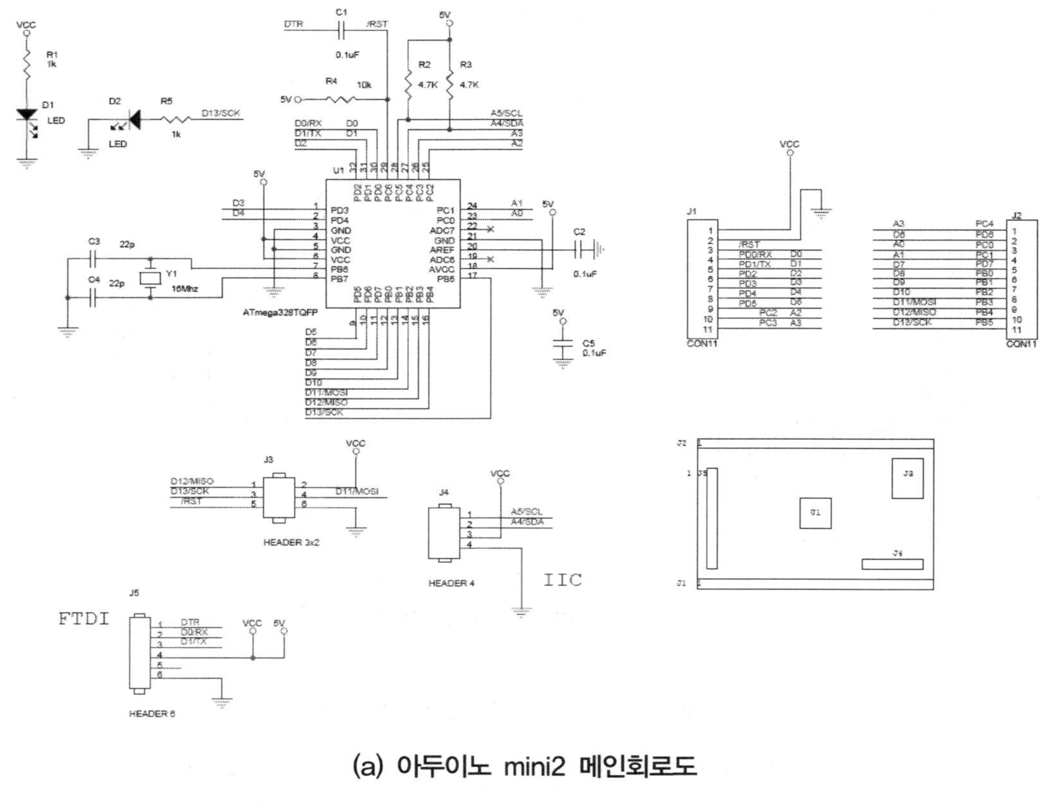

(a) 아두이노 mini2 메인회로도

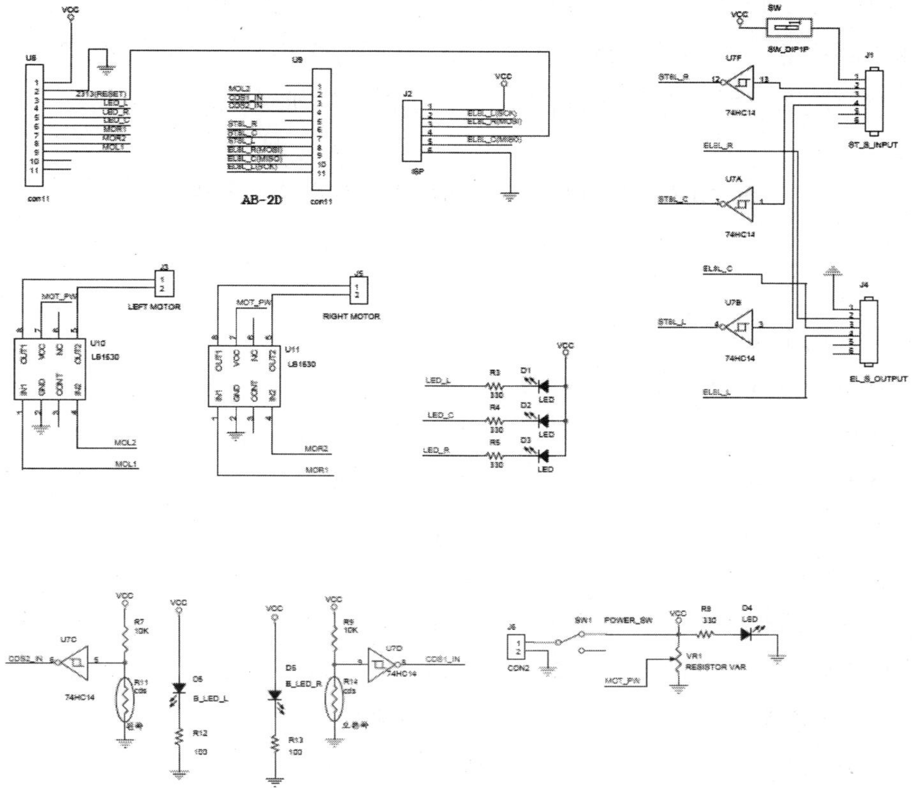

(b) 로봇 베이스 회로도(로봇부)

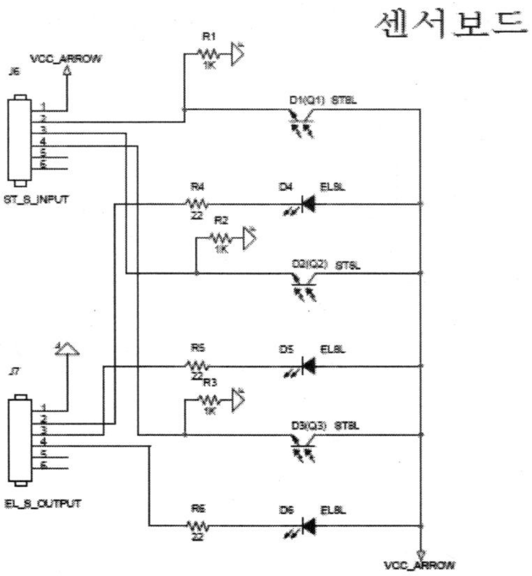

(c) 적외선 센서 회로도(로봇부)

그림 13.6 라인트레이서의 전체 회로도

이제, 위에서 설명하였던 방법에 의해서 전체회로도를 설계하면 그림 13.6과 같다. 이와 같이, 이제 독자여러분들은 주어진 라인트레이서의 회로를 구성한 후에 다음 단계인 프로그램으로 넘어가도록 하자. 본 시스템에 사용된 부품을 보면 표 13.2와 같다.

표 13.2 아두이노 라인트레이서 로봇의 부품리스트

로봇 부품			
ST - 7L(수광부)	3	EL - 7L(발광부)	3
LED3 파이, RED	2	10uF	1
Mono104	2	PUSH SW	1
저항 22 ohm	3	저항 330 ohm	2
저항 1K ohm	3	부저	1
토글스위치	1	2Pin, Connector	2
2×5, 콘텍터	2	74HC14	1
DC모터	2	BASE	1
건전지 스냅	3	M-15지지대	4
M-10 지지대	1	만능기판(PCB)	1
3파이 너트	10	3파이 볼트	10
14핀 IC소켓	1	20핀 IC 소켓	1
아두이노 mini 보드	1	FT232R 시리얼 통신 모듈	1
바퀴	2		

1. 센서보드 및 들어가는 부품을 확인한다. ① 저항1.2M옴은 R1, R2, R3에, 저항22옴은 R4, R5, R6에 납땜한다.

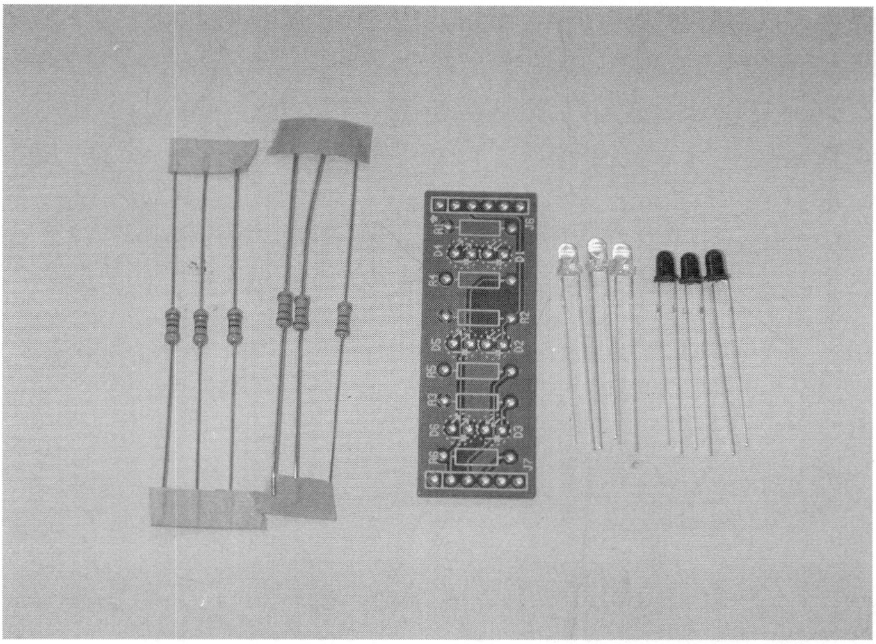

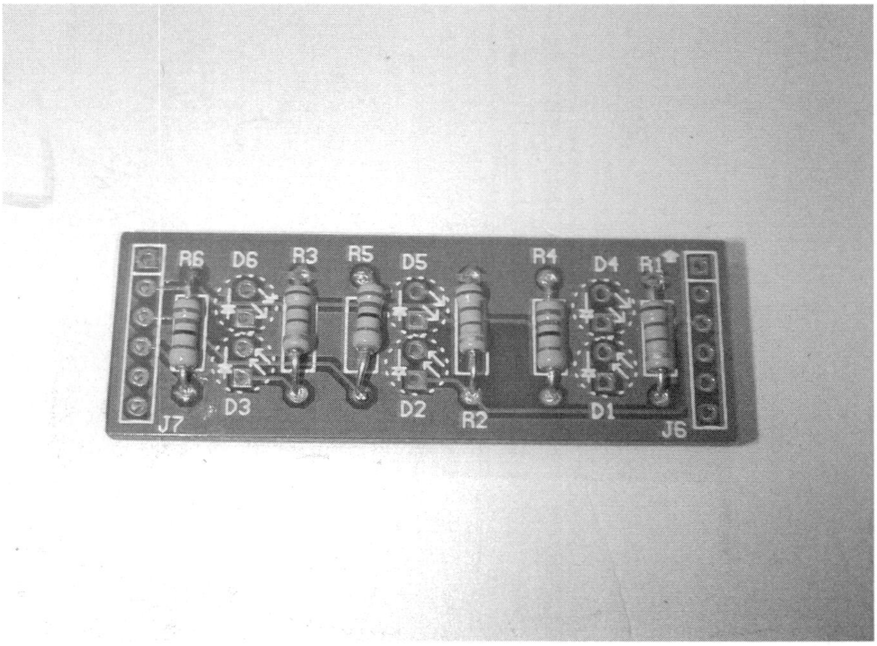

2. ① 6P헤더핀 암놈 J6, J7, ② 센서 ST7L D1, D2, D3, EL8L D4, D5, D6을 납땜한다(센서들은 아래에서 위로 꽂고 납땜한다. 센서들의 배열을 맞추어야한다).

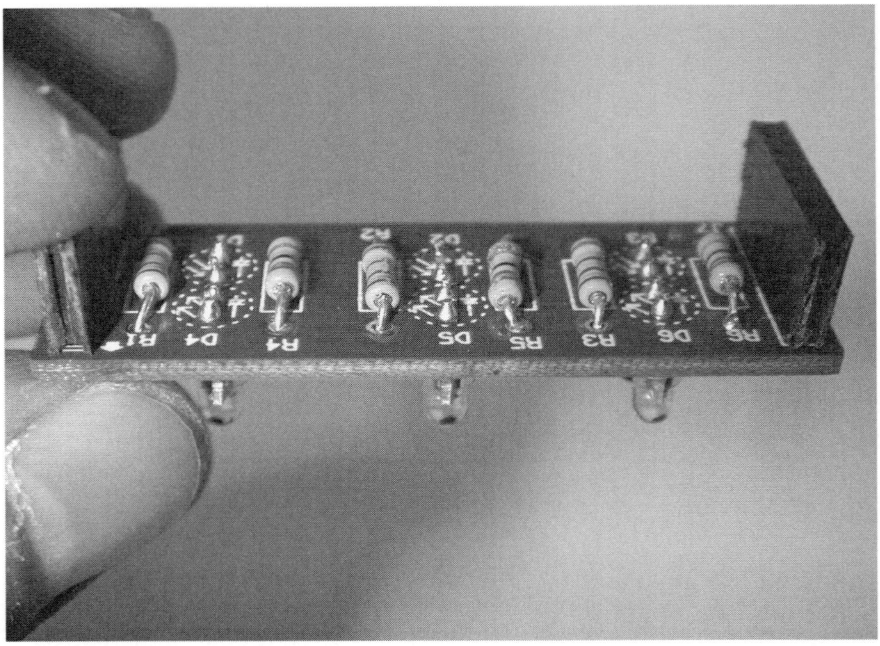

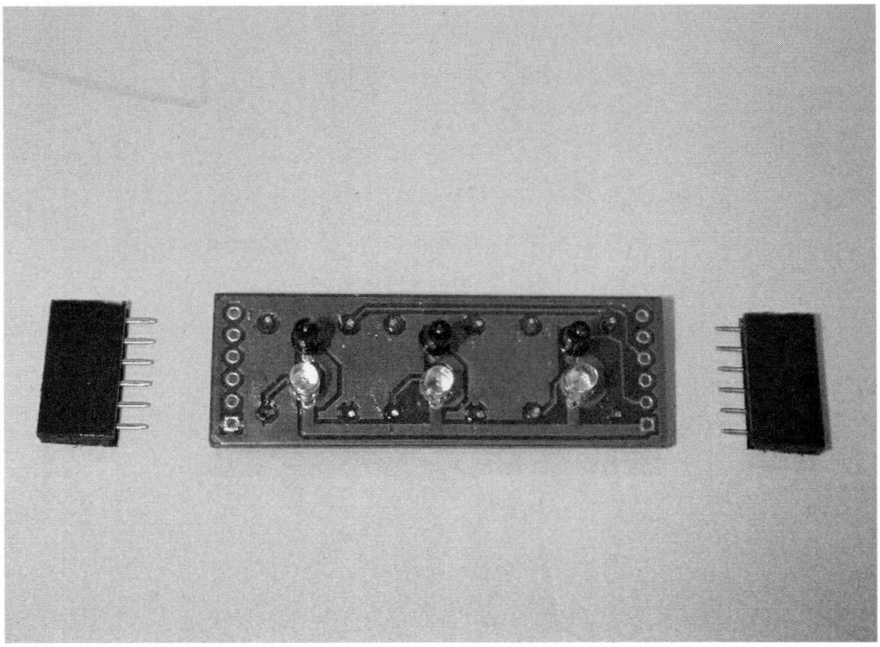

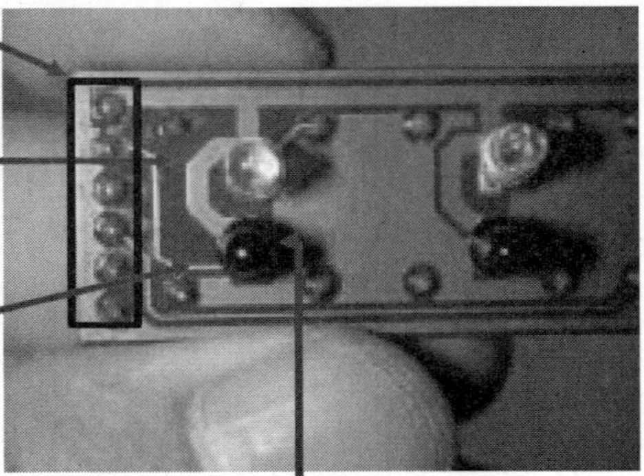
센서보드의J6뒷부분
EL7L(발광센서)
깍인부분을 기준으로 위(+)
아래(-) 납땜시방향주의
ST7L(수광센선)
깍인부분을 기준으로 위(+)
아래(-) 납땜시방향주의
수광센서 깍인부분

3. 메인보드 납땜한다.

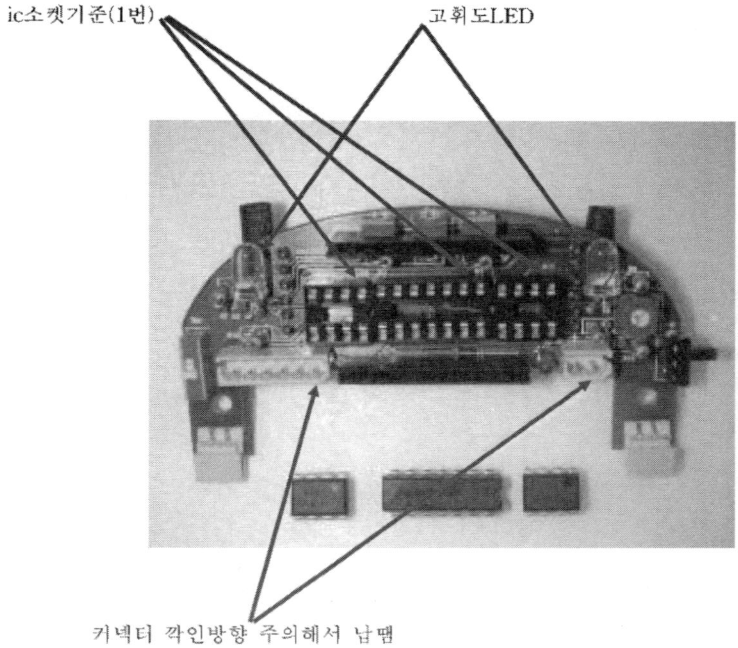

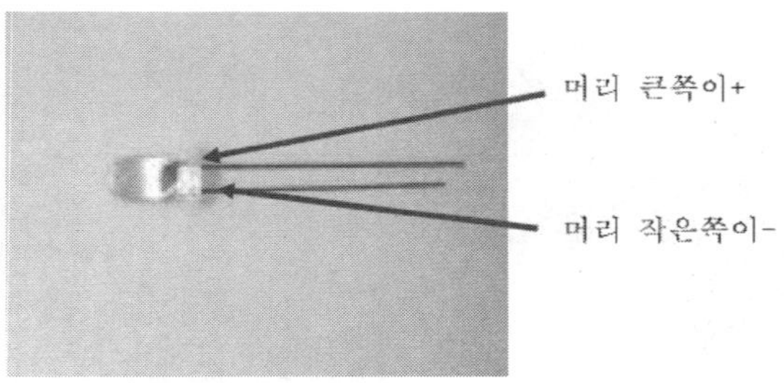

4. 메인보드와 센서보드를 연결한다.

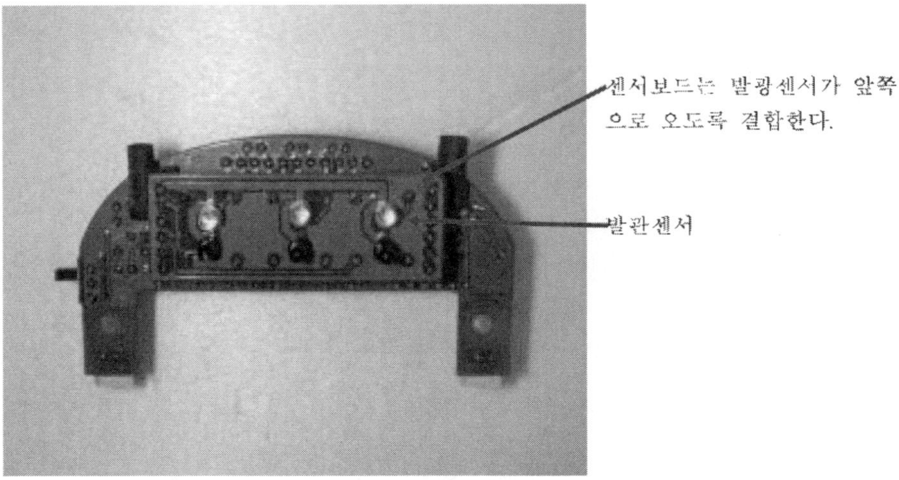

5. 조립된 베이스 보드와 아두이노 보드를 꽂고 로봇 몸체에 고정하여 완료한다.

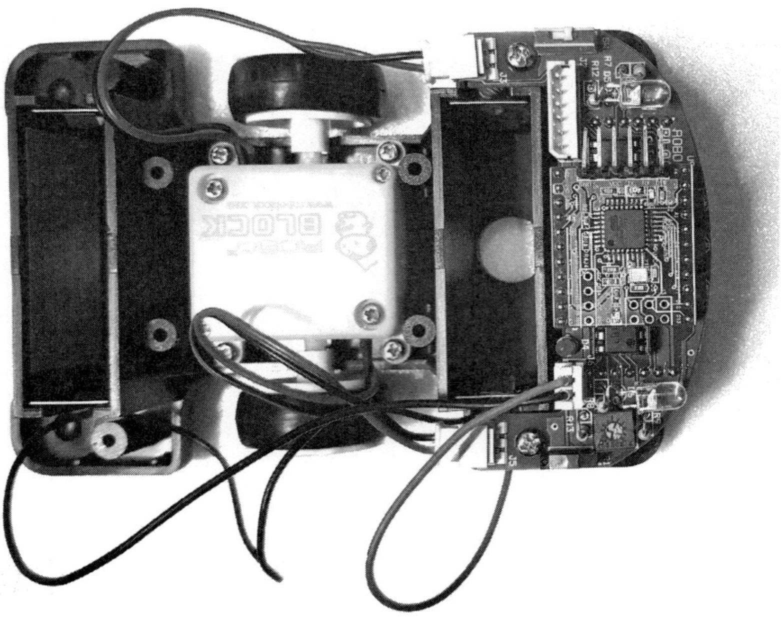

[Roboino mini #1]

[USB to Serial]

13.3 아두이노 라인트레이서 구동프로그램

위에서 제시하였던 회로도를 가지고 하드웨어의 제작이 완성되었으면 이제 구동 프로그램에 대해서 살펴보기로 하자. 구동 프로그램의 작성은 아두이노 개발환경에서 새로운 스케치를 생성하고 다음과 같이 프로그램을 작성하고 컴파일 후 업로드하여 로봇의 동작을 확인할 수 있다. 라인트레이서의 초기화 단계로서 LED가 ON/OFF을 수행하고 발광센서와 모터를 초기화한다. 초기화가 끝나면 발광센서에서 빛을 발산한 후에 검정색과 흰색을 감지하여 모터를 구동하면서 검정색 라인을 따라가는 동작이 수행될 것이다. 소프트웨어를 수정하여 다양한 동작을 만들어보자.

```
/* LB1630 모터드라이버

D3  D4    D5  D6
오른쪽 모터
A_1A --> 3
A_1B --> 4

왼쪽 모터
B_1A --> 5
B_1B --> 6
*/
//D3  D4    D5  D6
int A_1A = 3;       // D3 pwm
int A_1B = 4;       // D4

int B_1A = 5;        // D5 pwm
int B_1B = 6;        // D6 pwm

/*
display led

*/
int L_LED = 0; // D0
int C_LED = 1; // D1
```

```
int R_LED = 2;  //D2

/*
  라인센서
  왼쪽 라인센서 s0
  오른쪽 라인센서 s2
*/

int s1 = 8; //    D8
int s2 = 9;  //   D9 pwm
int s3 = 10; //   D10 pwm

int leftLineSensor =   11; // 7;     // D11
int centerLineSensor = 12;           // D12
int rightLineSensor = 13; // 8;      // D13

int speed = 150;

void setup() {

  //핀을 초기화한다.
  //모터드라이버의 핀들을 출력으로 변경한다.
  pinMode(A_1A, OUTPUT);
  pinMode(A_1B, OUTPUT);
  pinMode(B_1A, OUTPUT);
  pinMode(B_1B, OUTPUT);

  digitalWrite(A_1A, LOW);
  digitalWrite(A_1B, LOW);
  digitalWrite(B_1A, LOW);
  digitalWrite(B_1B, LOW);

  // 라인센서를 출력으로 변경한다.
  pinMode(s1, OUTPUT);
```

```
pinMode(s2, OUTPUT);
pinMode(s3, OUTPUT);
digitalWrite(s1, HIGH);
digitalWrite(s2, HIGH);
digitalWrite(s3, HIGH);

// 라인LED를 출력으로 변경한다.
pinMode(L_LED, OUTPUT);
pinMode(C_LED, OUTPUT);
pinMode(R_LED, OUTPUT);
digitalWrite(L_LED, HIGH);
digitalWrite(C_LED, HIGH);
digitalWrite(R_LED, HIGH);

// 라인센서를 입력으로 변경한다.
pinMode(leftLineSensor, INPUT);
pinMode(rightLineSensor, INPUT);

digitalWrite(L_LED, LOW);      // led on
digitalWrite(C_LED, LOW);
digitalWrite(R_LED, LOW);
delay(200);
 digitalWrite(L_LED, HIGH);  // led off
digitalWrite(C_LED, HIGH);
digitalWrite(R_LED, HIGH);
delay(200);
digitalWrite(L_LED, LOW);      // led on
digitalWrite(C_LED, LOW);
digitalWrite(R_LED, LOW);
delay(200);
digitalWrite(L_LED, HIGH);    // led off
digitalWrite(C_LED, HIGH);
digitalWrite(R_LED, HIGH);
```

```
}

/*
    함수 내 코드가 무한히 실행된다.

*/
void loop() {

  //양쪽 센서가 모두 선을 감지하지 않았을 경우 전진한다.
   digitalWrite(s1, LOW);
   digitalWrite(s2, LOW);
   digitalWrite(s3, LOW);

  if (!digitalRead(leftLineSensor) &&  !digitalRead(rightLineSensor)) {
     digitalWrite(L_LED, HIGH);
     digitalWrite(C_LED, LOW);
     digitalWrite(R_LED, HIGH);

    //모터A 정회전
    analogWrite(A_1A, speed);
    digitalWrite(A_1B,0);

    //모터B 정회전
    analogWrite(B_1A, speed);
    digitalWrite(B_1B,0);
    delay(10);

    //왼쪽 센서가 선을 감지하지 않은 경우 오른쪽모터는 정회전, 왼쪽모터는 stop하여 우회전
  } else if (!digitalRead(leftLineSensor) && digitalRead(rightLineSensor)) {
  digitalWrite(L_LED, LOW);
  digitalWrite(C_LED, HIGH);
  digitalWrite(R_LED, HIGH);
```

```
    //모터A stop
    analogWrite(A_1A, 0);
    digitalWrite(A_1B,0);

    //모터B 정회전
    analogWrite(B_1A, speed + 20); // -20
     digitalWrite(B_1B,0);
       delay(10);
```

//오른쪽 센서가 선을 감지하지 않았을 경우 오른쪽모터는 stop 왼쪽모터는 정회전을 하여 좌회전한다.

```
  } else if (digitalRead(leftLineSensor) && !digitalRead(rightLineSensor)) {

  digitalWrite(L_LED, HIGH);
  digitalWrite(C_LED, HIGH);
  digitalWrite(R_LED, LOW);

    //모터A 정회전
    analogWrite(A_1A, speed +20 );  // -20
    digitalWrite(A_1B,0);

    //모터B stop
    analogWrite(B_1A, 0);
    digitalWrite(B_1B,0);
    delay(10);

    //양쪽 모두 선을 감지했을 경우 정지한다.
  } else if (digitalRead(leftLineSensor) && digitalRead(rightLineSensor)) {

     digitalWrite(L_LED, LOW);
     digitalWrite(C_LED, LOW);
     digitalWrite(R_LED, LOW);
```

```
    //모터A 정지
    analogWrite(A_1A, 0);
    digitalWrite(A_1B,0);

    //모터B 정지
    analogWrite(B_1A, 0);
    digitalWrite(B_1B,0);
    delay(10);

  }
  digitalWrite(s1, HIGH);
  digitalWrite(s2, HIGH);
  digitalWrite(s3, HIGH);
  delay(10);

}
```

부록

1. Coding에 대한 모든 것은 로보이노(Roboino)에 다 있다.(로보이노는 국산 제품으로 100% 아두이노 호환보드이며 국내 상표 등록 제품이다.)

누구나 쉽게 제작할 수 있는 아두이노(로보이노) : Coding 교육부터 하드웨어 교육까지 가능한 국내 아두이노 보드로 초등학생부터 중 · 고등학생, 대학생 및 일반인까지 쉽게 사용할 수 있다.

소프트웨어 → 아이디어 ← 아두이노

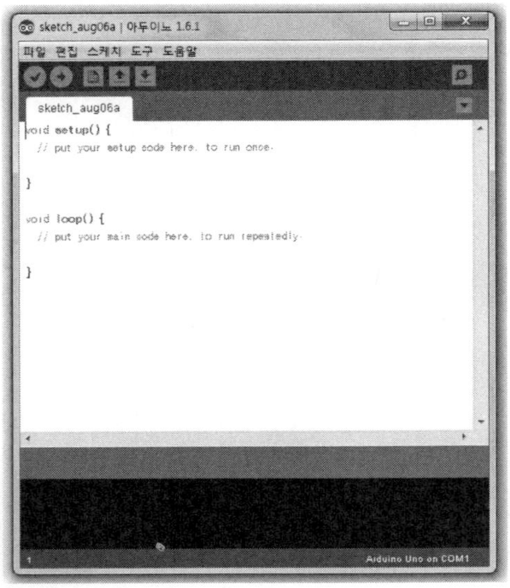

[로보이노]

아두이노와 로보이노

- 아두이노와 로보이노의 차이는 없으며 100% 아두이노 호환보드이다. ATmega328에 부트로더가 내장되어 있기 때문에 100% 호환이 가능하다. 고급과정의 제어 프로그램을 교육하는데 효과적인 제품이다.

[아두이노 Uno]

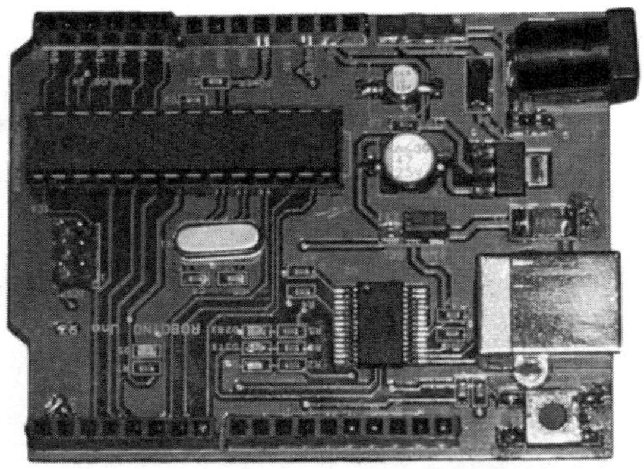

[로보이노 Kno]

- 로보이노 StK 보드는 아두이노나 로보이노로 호환해서 사용이 가능하며 로봇을 제작하는데 효과적으로 사용할 수 있게 구성되어 있다. 내부에 3개의 모터 드라이브가 내장되어 있으며 IR 리모컨 수신을 할 수 있고 리모컨 모듈을 연결할 수 있게 구성되어 있다. 나만의 다양한 로봇을 제작할 때 사용해보자.

[로보이노 StK]

- 3개의 모터 드라이브 내장
- 6개의 서보모터 제어 포트
- 리모컨 수신부 및 8개 채널 변경 가능

2. 로보이노(Roboino) 보드 종류

다음은 로보이노사에서 제공되는 제품들이다. 개발하려고 하는 분야에 맞게 다양한 보드를 제공하기 때문에 활용해보면 효과적일 것이다.

- ENTRY LEVEL (입문 레벨) : 처음 입문하기 위한 제품들

[Roboino Kno R3]

[Roboino Nano]

[Roboino Nano 보드]

[Roboino mini #1]

[Roboino mini #2]

[USB to Serial]

- ROBOT OF ROBOTS (로봇 제어) : 로봇을 제어하기 위한 제어 보드

[Roboino RobotB]

- WEARABLE(웨어러블) : 웨어러블 프로젝트를 수행할 때 활용이 가능한 제품

- CONTROL SHELD(제어쉴드) : 다양한 제어를 위한 제어 쉴드 제품 제공

[2ch DC motor shield#1]

[2ch DC motor shield#2]

[4ch DC Motor Shield#1]

[2ch DC Motor driver]

[PWM 2ch DC motor driver]

[미니 DC Motor Driver]

– SN754410 모듈

3. 드론 Coding의 모든 것이 EagleOne에 다 있다.

아두이노 기반의 드론 코딩뿐만 아니라 다양한 FC를 장착하여 드론 제작이 가능한 제품이다. 아두이노 보드를 이용한 촬영용 드론/레이싱드론으로 사용이 가능하다. 다양한 FC를 활용하여 나만의 드론을 만들어보자.

[Eagleone 쿼드콥터]

[Eagle Y6 Drone#1]

[미니 드론]

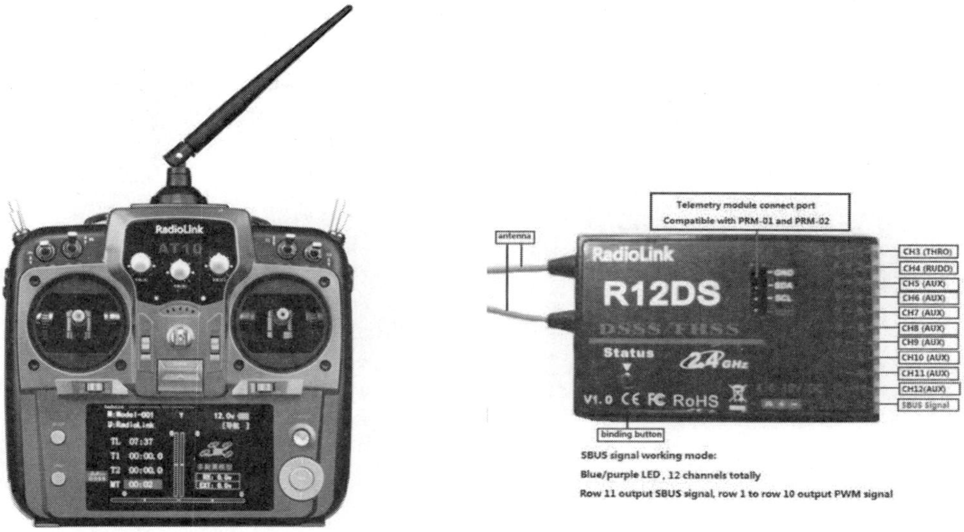

[AT10II 조종기 및 수신기]

AT10II 조종기는 12채널로 구성되어 있기 때문에 드론 제어를 위해서 많이 사용되고 있는 조종기다. 국내 정식 전파인증 적합등록 제품이기 때문에 다양한 드론에 적용하여 사용해보시기 바란다. 국내 정식 인증이 없는 제품은 판매나 구매가 불가능하며, 위반 시에는 통신법에 처벌 받게 되기 때문에 정식 인증 제품을 사용해야한다.

4. 아두이노(로보이노) 로봇

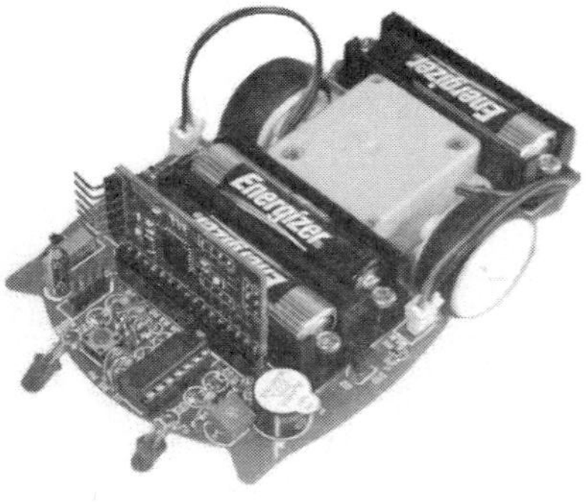

[아두이노 라인봇]

[아두이노 톡톡이봇]

[아두이노 라인트레이서#2]

[아두이노 라인트레이서]

[아두이노 톡톡히kit]

[아두이노 개미로봇]

[아두이노 탱크 로봇]

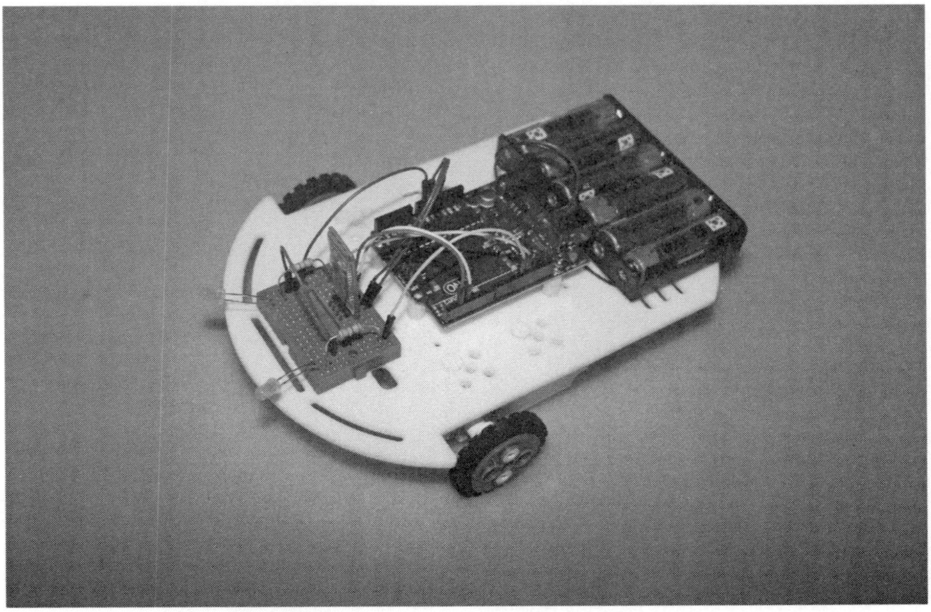

[아두이노 블루투스 통신 제어 로봇]

[아두이노 초음파 로봇]

[아두이노 CDS 빛 감지 로봇]

[아두이노 2족 댄스 로봇]

5. 3D 프린터

- 3차원 제품을 형상화하여 프린팅할 수 있는 3D 프린터 제품으로 사용하기 편리하며 제품 개발이나 샘플 제작에 효과적으로 사용할 수 있다. 다양한 제품을 출력하여 보기 바란다.

[3D robo]

[X-more]

[X-more #2]

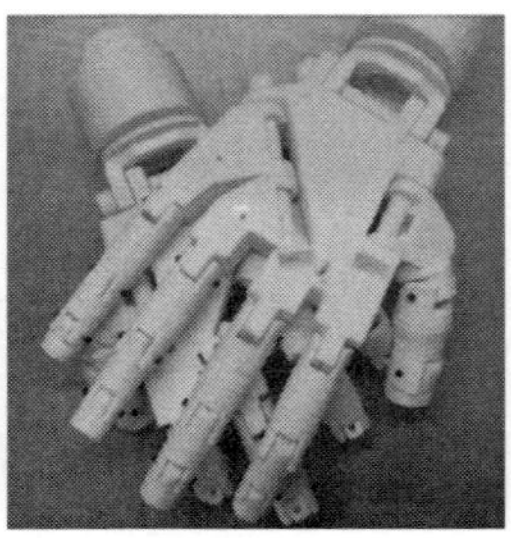

[3D 프린터 결과물]

6. 블록형 코드 로보블럭 키트

RFID 카드 및 아두이노(로보이노)로 프로그램이 가능한 로봇 제어 과정

- RFID 카드를 이용한 프로그램 가능한 로봇
- 아두이노(로보이노)로 프로그램 가능한 로봇
- 센서 모듈(적외선, 터치 센서, CDS 센서, 초음파 센서 모듈) 제공
- LED모듈, 부저 모듈 제공
- 3개의 DC모터 제어 가능
- 4개의 서보모터 제어 가능
- 3개의 입력 신호 가능
- 6가지 기본 프로그램 내장

7. **아두이노와 로보이노 길잡이 - 저자가 직접 운영하는 아두이노와 로보이노의 사용 카페**

http://cafe.naver.com/roboino

8. **3D프린터와 로봇 제작 - 저자가 직접 운영하는 3D 프린터 제작을 위한 카페**

http://cafe.naver.com/roboblock

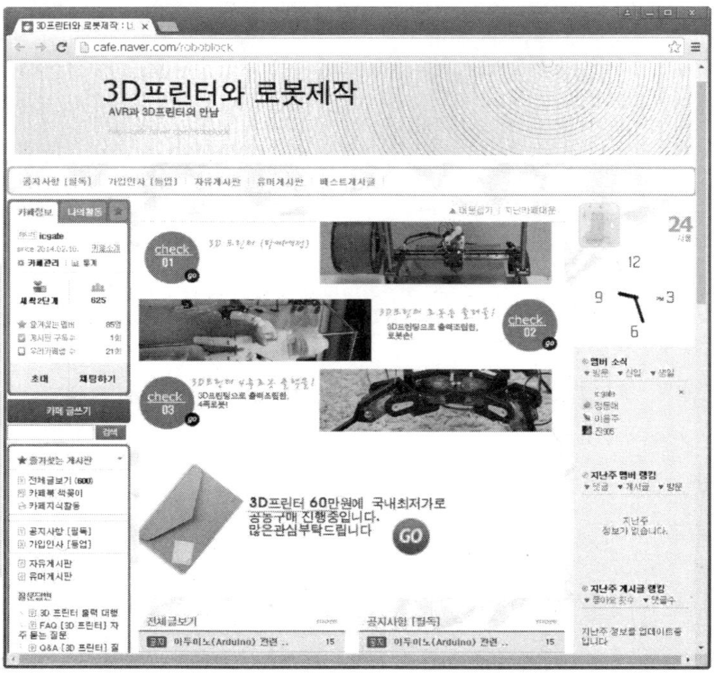

9. (주)로보블럭시스템 홈페이지 - 로봇 관련 부품, 제품을 판매하는 로봇 전문회사

http://www.roboblock.co.kr

10. 마이크로프로세서 교육 - 아두이노(로보이노), 하드웨어/소프트웨어 전문 교육 사이트

http://www.rlcenter.co.kr

11. 국산드론의 자존심 (주)로보블럭시스템 드론 사이트 - 다양한 국산 드론의 관련 사이트

http://www.rbdrone.co.kr

저자와의
협의에 의해
인지 생략

스마트폰으로 제어하는

기초 아두이노(로보이노) 배우기

1판 1쇄 2018년 2월 20일

저 자 신대섭 / 노태균 / 박철호
발행인 송광헌
발행처 복두출판사
주 소 서울특별시 영등포구 경인로82길 3-4
센터플러스 807호
(우) 07371
전 화 02-2164-2580
FAX 02-2164-2584
등 록 1993. 11. 22. 제 10-902 호

정가 : 15,000원
ISBN : 979-11-5906-362-6 93560

한국과학기술출판협회 회원사